はじめに

赤ちゃんに会うと、おそらくみなさんは

ほっぺ つんつん！
手、足 もみもみ！
いい子 いい子！

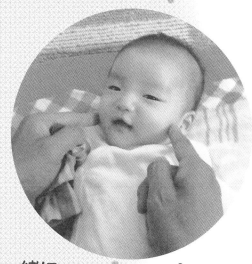

そして、そして〜！

〜ページをめくりながら、ご一緒に〜

いない
いない〜

ばあ～!

さあ、運動遊びの扉が開きました！「運動遊びの時間だよ！」

子どもたちも、保育者も気軽にできる運動！

なぜならば……

◎**スポーツの語源は……遊び、気晴らし！**

×過度な運動技術の向上や体力増進、または "勝ち" に
こだわるような運動種目ではない！

┌─ **例えば！** ─────────
誰もができるマット運動！
マットで綱引き！ 運動量はたっぷり！
運動能力の差が出ずに、安心して取り組める！

赤ちゃんの笑顔は神様がくすぐった！

～幼児期は運動が好きになる！ ことが先決！　上手になるのはあと！～

あせらず、じっくり育もう！

"赤ちゃんの笑顔は神様がくすぐった！"と言われるように、赤ちゃんはしぜんで屈託のない、心が和むよい表情をします。この乳児期の時点では、赤ちゃんが見せる笑みや様々な表情、しぐさ、寝顔などに大人は大満足です！

そして、少なからずこの時点では……

「赤ちゃんに体力をつけさせよう！ 体を柔軟にしよう！」
「マットの前転、鉄棒の逆あがりをできるようにさせよう！」などなど、先走った考えは微塵もないと思います。
しかし、ハイハイ～よちよち歩きと可動範囲が広くなり、語彙力などが発達してくると、大人のあせりから運動の世界でも"早期教育"という4文字が出現してきました。

運動技術向上ばかりを目指す早期教育は、
子どもを運動嫌いにさせ、笑顔を奪う！

この幼児期に指導者から「なぜできないの！ できるまでやりなさい！」などなど、罵倒された子どもが運動を好きになるでしょうか？ 果たして子どもに何を求めているのでしょうか？
子どもたちは全員、将来スポーツ選手、体育の仕事に就くわけではありません！
例えば、保護者の方が職場で「私、マットの前転ができない！ 縄跳びが苦手！」と悩んでいるでしょうか？ 無論、悩んでいません。指導者から"やらされる運動"は一時期は向上しますが、"無理にやらされた"という心の傷だけが残り、運動に対して嫌悪感を抱き、やがて運動・体育嫌いになっていきます。まだ、心身ともに未発達な子どもたちです。
体を動かす楽しさをたくさん経験させて、運動が好きになることが先決です！

CONTENTS

うたって運動!

チャレンジ運動!

すばやく動こう!

体幹遊びを体感して背筋ピーン！

身近なもので、こーんなに体が動かせる！

防犯に役立つ運動遊び

DVD に収録されている動画は下記からも視聴できます。

http://www.meito.jp/bonus/
undo_ketteiban

うんちく7

1.大人が嫌いな動き＝子どもは大好き！
2.動かなくても "心の中で楽しんでいる子" もいる！
3.すり傷の多い子に大ケガなし！
4.今こそ！ 手遊び・泥だんご作りなどの手を使う遊びを！
5.大人は体の柔軟性より、頭の柔軟性が大事！
6.「だめ！」の連呼と長い説明はだめ！
7.体操とは？

おわりに…

運動遊びの指導のポイント 3つの「あ」

～安全！ 安心！ 明日につながる！～

※次に紹介している実技は、ぜひ実践してください！

1 安全！ ＝心身ともに大きな傷を与えないようにしましょう！

ただし、多少のすり傷、打撲は保護者の方に理解していただく。守りすぎは子どものためになりません。
（P.108の「すり傷の多い子に大ケガなし！」参照）

★幼児期は調整力（敏捷性・巧緻性・平衡性）がもっとも発達

×歯を食いしばるような "つらい、きつい、苦しい" など、子どもたちの心や体に負担のかかる運動はだめ！
　→具体的には…長時間走るなどの持久力。また、同じ姿勢で長時間我慢するような筋力系の運動も
　発育上、適さない！

鉄棒は簡単！

それ！ ジグザグ走！ →敏捷性
かがむ姿勢は→体幹・脚力を養う！

マットは楽しい！

先生とマット相撲→
全身の筋力刺激！

鉄棒の前回りおり・逆あがり、マットでは転回運動だけがマット運動ではない！
もちろん、跳び箱・平均台・縄運動なども同様です。

2 安心！＝特に導入は体ほぐしよりも気持ちほぐし運動が大事。

・誰もが楽しめる、できるようになる種目を選定。
・できる＝安心＝楽しい＝自信になる＝運動が好きになる＝挑戦意欲がわく！
　＝気がついたら体力増進、技術向上！

では、ここですぐにできる、気持ちほぐし運動を紹介しましょう！
低年齢児は保育者がうたいながらリードして、「アルプス一万尺」のメロディにのって動きます。

① パチパチパチパチ
手拍子を4回。
（♪アルプス一万尺）

② ドンドンドンドン
両手で床を4回たたく。
（♪こやりのうえで）

③ ブラブラブラブラブラブラ
両手を6回振る。
（♪アルペン踊りを さあ踊りま）

④ ばぁ～！
「ばぁ～！」と元気よく両手を開く。
（♪しょ）

⑤ ランラララ　ランランラン
ランラララ　ランランラン……
リズムに合わせて足を交互に踏みならす。
（♪ランラララ ランランランラン……）

立って動こう！

❷の床たたきを
ひざたたきにする。

❺は自由にかけっこ。

などにアレンジして、
運動量アップ！

7

＝程よい運動量・質が大事！

終了後に、「もっとやりたい！」「明日もやりたい！」と声があがるくらいの程よい運動時間と運動量・質が大事！ 運動がきつい、できないと明日はやりたくなくなります。

以上、3つの「あ」を忘れずに、まずは保育者が楽しむことが大事！

下記の 2 種類の運動は、私の38年（令和 5 年時点）の経験で「もっとやりたい！」と一番リクエストがあった運動です（この 2 種類はほかに発展的な運動が多種あり）。

ポリ袋ダッシュ！

保育者がポリ袋を
投げあげたらスタート！
落下する前に取れるか挑戦！

※大人数のときは 2 列で整列。
保育者は 2 枚投げあげて、
子どもたちは 2 人ずつ
スタート！

それ！

★しぜんにスタートダッシュが前傾姿勢になる！

※始めは 3 〜 4 メートルの短距離から、子どもたちの要望を聞いて、徐々に距離を長くしていきましょう！

先生ライオン たおしちゃえ！　ハイハイ姿勢の先生ライオンを 3・4 人で、3 歳児なら 5・6 人でたおします。

たおしちゃえ！

負けた！

とにかく、この 2 種類は「もっとやりたい！ もう 1 回！」と、しつこいくらい毎回リクエストがあります。

乳幼児の発育発達を理解しよう！

保育所保育指針には「発達過程を見通し」「発達の状況に応じて」「発達に必要な体験」
など、発達という言葉が随所に出てきます。
下記の「スキャモンの発育・発達曲線」という、20歳までの発育発達を100％と考えた
ときの各年齢においての発育発達状況を表したグラフを見てみると、乳幼児期では神
経型の発達が著しいことがわかります。

スキャモンの発育・発達曲線

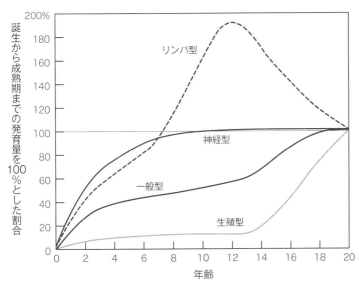

神経型とは
脳や神経、感覚器官などの発達を示します。

● 4～5歳で成人の80％

● 6歳で90％

● 12歳でほぼ完成！

この時期は神経型がもっとも発達！

あせらず！　ゆっくり！　じっくりと！　育みましょう！

これくらい見えているかな？

ちなみに視力は？

生後1か月前後…光覚
3か月…0.01～0.02　　6か月…0.04～0.08
1歳…0.2　　　　　　　2歳…0.5
3歳…1.0以上　　　　　6歳以上…1.0～2.0
（※医師・文献により多少の相違あり）

色について

上記の視力のように、2歳児までは近視です。
細かいもの、形を認識することは苦手ですので、何かを目的に歩く、さわるなどの運動をすると
きは、はっきりとした色を使い、使う色の数も2・3色にすると動きやすいでしょう。

神経型を発達させる運動能力は？
⇒調整力

調整力とは「巧緻性・敏捷性・平衡性」（コーディネーショントレーニング）

巧緻性の運動

字のごとく体を巧みに緻密に、器用に、動かす運動です。
以下の発達に役立ちます。

①主に体を器用に操るための神経回路をつくる。
②脳を活性化させる。

体を器用に操るには脳からの指令がいち早く、手や足などに伝達される必要があります。
それを体中の何か所かに同時に伝えるには、1本の配線では足りません。
何本もの配線・回路が必要です。その回路を育むために役立つのが巧緻性の運動です。

手遊びも幼児にとっては、神経回路をつくる重要な巧緻性の運動

「むすんでひらいて」「げんこつやまのたぬきさん」「おべんとうばこのうた」などの手遊びは、特に低年齢の子どもたちにとっては手・指を器用に操る巧緻性の運動になり、神経型を発達させるのに有効な手段の一つです。

＊巧緻性の運動は主に、「うたって運動！」（P.16 ～ P.35）と、「チャレンジ運動！」（P.38 ～ P.50指運動）で紹介しています。器用に動けるか挑戦してみてください！

ここでは下記の「カラスジャンプ」、またはできれば「十二支ジャンプ」にも挑戦！

6回ジャンプします。　●腕は「横と下のくり返し」　●脚は「開く、開く、閉じる」のくり返し

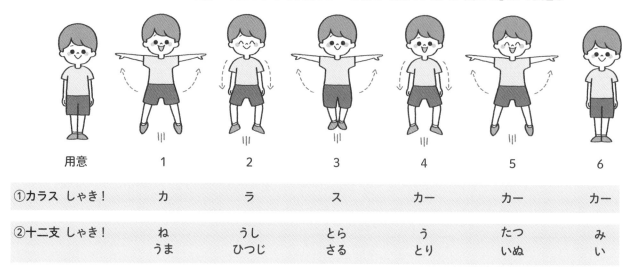

	用意	1	2	3	4	5	6
①カラス しゃき！		カ	ラ	ス	カー	カー	カー
②十二支 しゃき！		ね うま	うし ひつじ	とら さる	う とり	たつ いぬ	み い

敏捷性（俊敏性）の運動

すばやく体を動かす運動です。
次の2つの能力を養うことができます。

①歩く、走る、はうなどの移動を伴う動作中に、衝突回避ができる能力。
②落下物や飛んできたものを瞬時によける。

以上の動作を育む運動で代表的なのは、子どもたちが大好きな"追いかけっこ"です。
その具体的な方法は、後述の「すばやく動こう！」（P.52〜P.62）にいくつかの運動方法が記載されていますので参考にしてください。
下記の「パッチンタッチ！」も敏捷性を養う運動です。子どもたちが外遊びに行くときなどに、1人ずつ保育者の手をよく見て2回くらいタッチしてから外出するなど、毎日、少しずつでいいので楽しんでみましょう。
その積み重ねが子どもたちの敏捷性を向上させます。 親子でもOK！

子どもを左右に動かす、または上・下・後ろからなど
日替わりで楽しんでください！

平衡性の運動

体をバランスよく保つ能力です。
直立系・回転系の2種類の運動方法があり、以下の発達に役立ちます。

①転倒時に瞬時に手が出て自分の体を支える、または転がってケガを最小限に防ぐ。
②転倒防止に大切な"踏ん張る力"を養う。

直立系

特に低年齢児においては、「座る」「立つ」「歩く」「階段ののぼりおり」「くつをはく」「ズボンをはく」など、日常生活のほとんどの動作がこの平衡性＝バランス感覚の直立系の運動になります。

階段ののぼりおりは重心の移動を学び、しぜんに片足立ちになれる、最初の一歩です。
凸凹道を歩く、走る、はうなどは自分の体を"どれだけ安定させて支えられるか"という、正しい姿勢づくりにも役立つ運動です。

凸凹道ダッシュ！ ※転倒防止、踏ん張る力！（2歳児）

回転系

前後左右にゆれる、回る、転がるなどのバランス感覚を司る三半規管を刺激する運動です。
小学校で実施される主に器具運動（マット・鉄棒）に役立ちます。

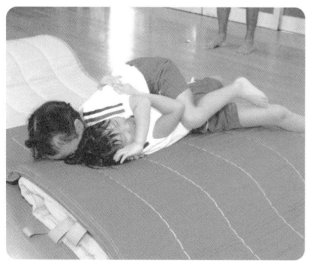

友達・親子や先生と、だっこでなかよく山あり谷あり！ ※回転感覚はもちろん、姿勢保持に大切な腹背筋も刺激！

子どもたちを引きつける**導入技！**

～保育者自身が得意とする分野を導入として実施する～

運動遊び＝運動から導入する必要はありません

手遊び・歌遊び・素話・絵本・ペープサート・クイズなど、何でもあり。
自分が得意とする分野はゆとりをもって指導に入れるので、しぜんに口調も
やわらかくなめらかになり、子どもたちも安心して取り組めます。

手遊びを運動に生かす！

子どもたちがよく知っている手遊びに、脚の運動を加えるだけで大盛りあがり！

「げんこつやまのたぬきさん」をその場かけ足でおこなう。
「大きな栗の木の下で」を脚の屈伸をしながらおこなう。
「むすんでひらいて」をツイストジャンプなどをして
　動くなどなど。

運動の展開方法

①緩急強弱をつけた言葉かけで誘導
②体を動かす位置を変える
　　高・低差を使う。
　　例／立つ（高）→座る（低）→走ったら（高）→転がる（低）

③運動量の増・減の組み合わせ
　　例／走る・はう（運動量増）→寝る・座る（運動量減）など

以上の３点を組み合わせながら、対象年齢に応じた言葉かけで展開しましょう。

運動遊びの方法

運動方法は主に4種類に分けられます。

①何も使わないで運動する方法

かけっこ／けんぱ／リレー／体操・ダンス・エアロビクス（音楽教材）／相撲／組運動／組立て運動／童謡やわらべ歌をうたいながら動く／模倣運動／親子運動ほか

子ども考案の組運動、すべり台

「3人ですべり台をつくって！」と言ったら、すぐにできました

ポリ袋リフティング！

②身近な素材を活用した運動方法

使用済みの紙／ポリ袋／トイレットペーパーの芯／雑巾／紙皿／紙コップ／タオル／スズランテープ／割りばし／ペットボトル／紙パック／新聞紙ほか

③運動手具を使用した運動方法

ポンポン／ボール／リング／縄（短・長）／綱／バルーン／玉入れ用具ほか

④運動器具を使用した運動方法

マット／鉄棒／跳び箱／平均台／巧技台／ジャングルジム／太鼓橋／雲梯／のぼり棒／すべり台などの固定遊具ほか

跳び箱でトンネルくぐり！跳ぶだけが跳び箱ではない！

まずは子どもたち全員ができる方法から導入！

うたって運動！

～心身をほぐし、心肺機能を刺激！～

歌声が響くと雰囲気が和やかに、明るくなる！
子どもがうたう！ 親子でうたう！ 祖父母とうたう♪
老若男女が楽しめる運動遊び歌がいっぱい！

一体感が
生まれる！！

保護者関連の行事
（保育参観・敬老会・
運動会など）に
役立つ！

♪みんなでうたって動くと

気持ちも、
体もほぐれ
動きやすくなる！

心肺機能が刺激され、
有酸素運動
（エアロビクス）の
効果も期待できる！

まつぼっくり

「まつぼっくり」の歌詞の「さ」にすばやく反応して動く、俊敏性を養う遊びです。
子どもたち・親子・異年齢・小学生・祖父母と子どもなどなど、幅広い年齢層で楽しめます。

まつぼっくり
まつぼっくりが　あったとさ　たかいおやまに　あったとさ
ころころころころ　あったとさ　おさるがひろってたべたとさ

うたって踊って拍手で「さ」

1
まつぼっくりが
あったと

両手のげんこつをまつぼっくりに見立てて、手首をクルッ、クルッと左右にくり返しねじる。

さ

2
たかいおやまに
あったと

両手を頭上で合わせて、山を表現。

5
るがひろって
たべたと

食べるまね。

両手ですくいあげ、

4
お

さるのポーズ。

3
ころころころころ
あったと

すばやくかいぐり。

16

以下の運動はすべて、うたい踊りながら「さ」のときだけ、下記の運動方法に変えて動き楽しみます。

柔軟運動「さ」（閉脚・開脚）

つま先タッチで柔軟運動。

ももあげ「さ」

脚タッチ、
またはももの
下で拍手。

静かにスクワット「さ」

「さ」は口をふさぎ、発声しないでしゃがむ。
すぐに立って踊り、また「さ」で
"口をふさぐ、しゃがむ"をくり返す。
「おさるが……」がむずかしい！

2人で前・後ろに曲げて「さ」

♪まつぼっくりが あったと

さ！

脚の間から両手タッチ。

♪たかいおやまに あったと

さ！

上体を反って両手タッチ。

動く前に背中合わせになって、お互いに
おじぎをしておしりがぶつからないかを
確認してから運動に入りましょう！

2人で交換キャッチ！だ「さ」

ポリ袋遊びは「身近なもので、こーんなに体が動かせる！」（P.91〜92）でも紹介！

まつぼっくりが あったと

ポリ袋を持ち、向かい合ってうたう。

さ！

「さ」で自分の頭上に投げあげる。

相手のポリ袋をキャッチ！
これを「さ」のたびにくり返す。

デカビニールで「さ」

まつぼっくりが あったと

デカビニールの両端を持ち、「さ」であげるのと同時に、

さ！

下を通り抜ける。

たーかいおやまに あったと

さ！

次の「さ」で元の位置に戻る。

○×△し・か・く！

子どもたちが、よく知っている形を体で表現します。
2歳児～5歳児、親子までいろいろな運動方法で楽しめます。

腕の動きを覚えよう！ はじめはゆっくりとうたいながら、「○×△し・か・く！」のポーズを覚えましょう！

まる

○ポーズ。

ばつ

×ポーズ。

さんかく

両手を斜めに下に△ポーズ。

し・か・く

「し・か・く！」と言いながら、両手を顔の横で
小刻みに上下に3回動かす。

くるくるくるくる

かいぐり。

ピッ　ピッ

手拍子を2回。

ピッ！

脚を抱える。

1・2歳児への導入方法（写真は2歳児です）

①はじめは歌のテンポ・メロディは気にせずに、個々の形を「まる！」「さんかく！」とにこやかに発声しながら保育者と楽しみましょう！

②または、保育者が手で"まる"の形を見せて「これは何？」など、問いかけながら動き楽しんでいく導入方法でもよいでしょう！

アレンジ　「くるくるくるくる」とかいぐりをしながら一周回ってみよう！

最後の「ピッ！」のポーズを保育者のリードでいろいろと変えて動き楽しんでみましょう！

ピッ！

20

ジャンプしながら○×△し・か・く！

まる

○ポーズで開脚。

ばつ

×ポーズで閉脚。

さんかく

△ポーズで開脚。

し・か・く

□ポーズで開脚ジャンプを３回。

くるくるくるくる

かいぐりをしながら一周回る。

ピッ　ピッ

拍手を２回。

ピッ！

シャキッ！と気をつけ！

アレンジ

①最後の「**ピッ！**」も、いろいろなお茶目なポーズで楽しみましょう！
②また、動きに慣れてきたら"×"は脚も×に挑戦！

①

お茶目なポーズで。

②

ばつ！

腕と脚を一緒に。

追いかけっこだ！ 〇×△し・か・く！ ～よく見て逃げよう！～

保育者がジャンプしながら「〇×△し・か・く！……」をしたあと、最後の「ピッ！」で写真のように、子どもたちを指差したら、追いかけっこの始まり！

アドバイス 追いかけっこの連続は子ども・保育者ともに疲れてきますので、合間に下記の2点の方法を取り入れておこなうとよいでしょう！
①先述した、いろいろな"ピッ！"のポーズを入れる。
②下記の写真のように、座って指運動を楽しむ。

カードで遊ぼう！ A4サイズの用紙に、〇×△□の絵を写真のように自分で描きます。

紙を4つに折る。

開いて〇×△□の絵を描く。

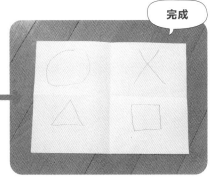

完成

まる　ばつ　さんかく　し・か・く

くるくるくるくる　ピッピッピッ！

「〇×△し・か・く」とうたいながら、順に
その形を指していく。

「くるくるくるくる　ピッピッピッ！」とうたいながら
紙をくるくる回して、最後の「ピッ！」で止める。

まる　ばつ　さんかく　し・か・く

くるくる
くるくる

紙を「〇×」「△□」に分けてちぎり、
写真のように置く。

ピッピッピッ！

紙の真ん中に立って用意。「〇×△し・か・
く」とうたいながら、順にその形の前にジャ
ンプ！「くるくるくるくる」は紙のまわり
を1周して元に戻り、「ピッピッピッ！」は
手拍子を3回しながらジャンプ！

パンパン！ パンダ！

拍手いっぱいの歌、「パンパン！パンダ！」をうたい動きながら、
俊敏性・協調性を培いましょう！
親子でもぜひどうぞ！

まずは座って基本の動きを覚えましょう！

手をパー
手拍子の用意。

パンパンパン
手拍子3回。

ダ
両手をパー。

くり返し！

パンパンパンダ

手拍子3回→
両手をパーを
くり返す。

ニコニコニコニコ
にっこり
リズムに合わせて左右にゆれる。

パン
手拍子1回。

ダ
両手をパー。

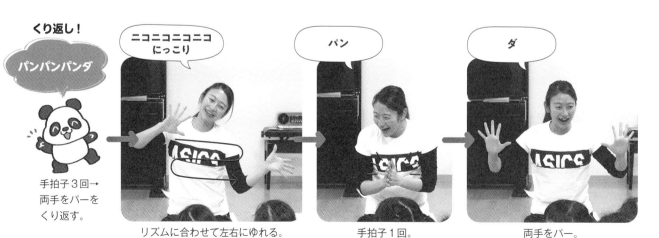

パン

ダ

パンダ

手拍子1回。

両手をパー。

手拍子1回→
両手をパーを
くり返す。

パンパン

ダ

手拍子2回。

大きく両手をパー。

小学校で実施される倒立運動や、跳び箱の**開脚跳びの導入遊び**になります。

パンパンパン

ダ

「パンパンパン」と床を3回たたく。
※歌詞の「パン」が1回のときは1回たたく。

「ダ」でジャンプして、足で拍手。

「ダ！」のときに両手脚を開いてジャンプ

「パン」の歌詞は手拍子ジャンプ！
「ダ」は両手脚をパーにして、ジャンプをくり返します。
「ニコニコニコニコにっこり」はジャンプしながらツイスト！

パンパンパン

ダ

「パンパン
パンダ」
の動きを
くり返す。

ニコニコニコニコニコ
にっこり

手拍子を3回しながらジャンプ！　　　　両手脚をパー。　　　　リズミカルにツイストジャンプ！

※以下、同じく「パン」のときは手拍子ジャンプ ⇒「ダ」は両手脚をパーにしてジャンプ。

ハーフターンにチャレンジ！　　　　**「ダ」でハーフターン**

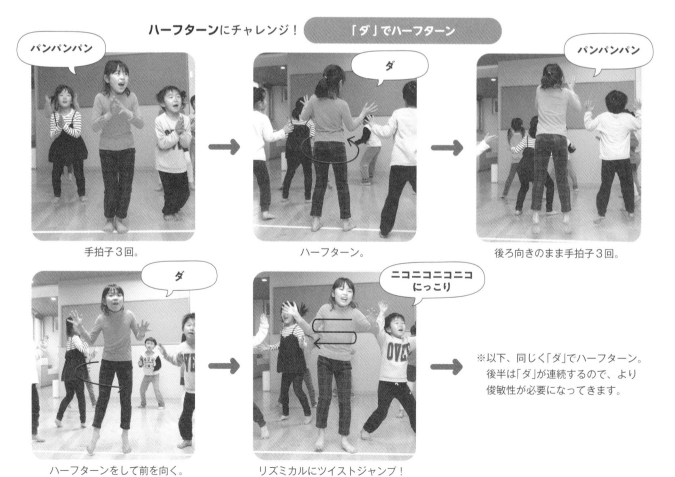

パンパンパン

ダ

パンパンパン

手拍子3回。　　　　ハーフターン。　　　　後ろ向きのまま手拍子3回。

ダ

ニコニコニコニコニコ
にっこり

ハーフターンをして前を向く。　　　　リズミカルにツイストジャンプ！

※以下、同じく「ダ」でハーフターン。
後半は「ダ」が連続するので、より
俊敏性が必要になってきます。

なかよし パンパン！パンダ！

2人で向かい合って、手合わせ遊びをします。

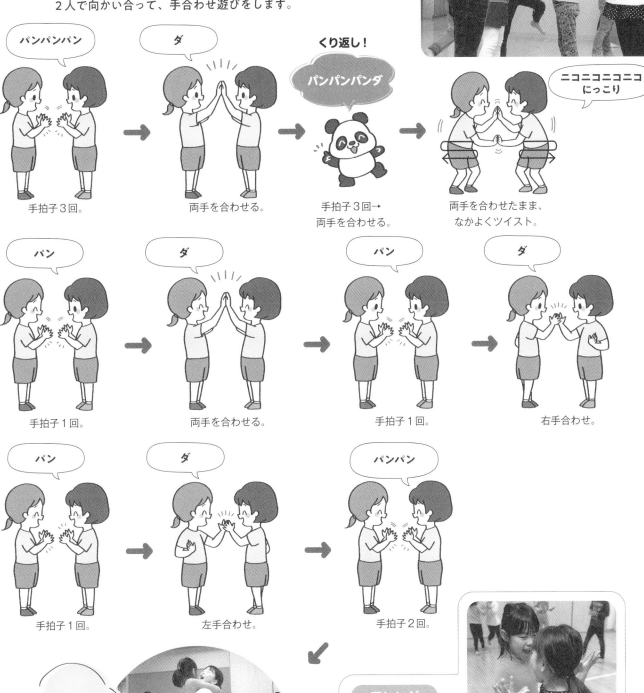

パンパンパン
手拍子3回。

→

ダ
両手を合わせる。

→

くり返し！
パンパンパンダ
手拍子3回→
両手を合わせる。

→

ニコニコニコニコ にっこり
両手を合わせたまま、
なかよくツイスト。

パン
手拍子1回。

→

ダ
両手を合わせる。

→

パン
手拍子1回。

→

ダ
右手合わせ。

パン
手拍子1回。

→

ダ
左手合わせ。

パンパン
手拍子2回。

ダイスキ！

アレンジ
動き慣れてきたら、最初
から最後までその場で
回りながら挑戦！

27

でんしゃ ひゅーすとん！

主に親子で動き楽しめる "ゆらゆら" 運動遊びです！
子どもたちがマット運動・鉄棒運動などで
回る運動をおこなう前の大事な基礎的運動になります。
前後左右にゆれながら、転回運動に必要な平衡感覚を養っていきましょう。

《対象年齢》
親子で（1歳〜5歳まで）ふれあって楽しむことができます。首がしっかりと座っていれば、乳児も楽しめます。

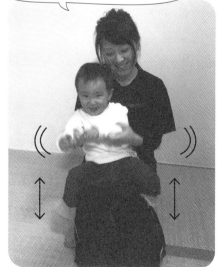

保護者は子どもの手首を持ち、軽く脚を上下させながらウキウキ気分で電車を運転する、まねっこ遊びを楽しむ。

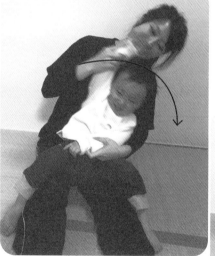

「オットトトトー！」に合わせて、左右にゆれる。

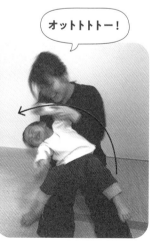

てっきょう　トンネル
やまこえろ

体勢を立て直す。
（または子どもの手を持ち、手拍子）

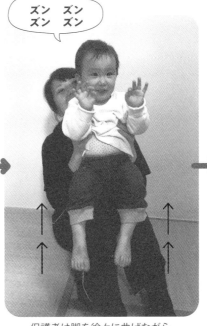

ズン　ズン
ズン　ズン

保護者は脚を徐々に曲げながら、
子どもを山のてっぺん（ひざの上）に座らせる。

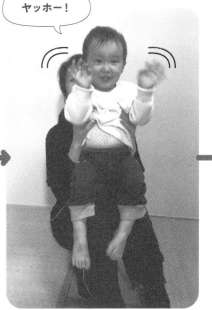

ヤッホー！

「ヤッホー！」と手を振る。

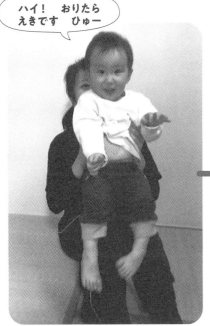

ハイ！　おりたら
えきです　ひゅー

子どもの体をしっかりと持ち、
次の「すとん！」の用意。

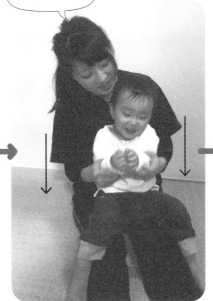

すとん！

保護者はしっかりと子どもを支えながら、
脚を伸ばして下におろす。

とうちゃく！
こちょこちょ駅でーす！

「とうちゃく！」と手をあげたら、
子どもをくすぐる。

★動画には、子どもだけで動き楽しめる座位・
立位の運動方法も収録しています。

29

からだ・ちょこまか

指先から体のあらゆる部位まで "ちょこまか、こちょこちょ" 動かして
体をほぐしたら、友達・保育者、そして遊具、
地球もくすぐっちゃう！ くすぐりかけっこ遊びです。
2人組や、ねんねの赤ちゃんも楽しめます！

からだ・ちょこまか

作詞・作曲／沢井 雅志

て が て が　ちょこまか ちょこまか　あし が あし が　ちょこまか ちょこまか

ほっぺが ほっぺが　ちょこまか ちょこまか　からだ ちょこまか　こー ちょこ ちょ

1

「てが　てが」

両手をパーにして左右にゆれる。

「ちょこまか
ちょこまか」

くすぐるように、手をもじょもじょと動かす。

2

「あしが　あしが」

脚を2回たたく。

「ちょこまか
ちょこまか」

手脚を小刻みに速く動かして、その場でダッシュ！

3

ほっぺが
ほっぺが

ちょこまか
ちょこまか

ほっぺに２回タッチ！

ほっぺをニコニコマッサージ。

4

からだ
ちょこまか

こーちょこちょ

赤字の歌詞のところで手拍子。

くすぐるように、手をもじょもじょと動かす。

5 子どもに「誰をこちょこちょする？」とたずねると、「先生！」と言いました。

先生を
こちょこちょ!!

うわ〜！

うわ〜！
くすぐったい！

子どもたちにどこを？ 誰を？「こちょこちょ」するかたずねると、いろいろな答えが返ってきます。

★子どもの声
① 「おしり！」「耳」「鼻」などの体の部位。
② 「男の子！」「先生！」などの人。
③ 「ジャングルジム」「木」「地球」などの物や自然物。

などなど、大人では考えつかない答えも返ってきます。

保育者 「次は、どこを？ 誰を？ こちょこちょする？」

「鼻をこちょこちょ！ こちょこちょこちょ……」

「おしりをこちょこちょ！ こちょこちょ……」

「地球をこちょこちょ！ こちょこちょ……」

3 の「ほっぺがほっぺが」をアレンジ！

その都度「頭」「耳」など、体の部位限定で
変えてみてもいいでしょう！

耳が　耳が
ちょこまか　ちょこまか

2人組ジャンケンちょこまか！

両手をつないで左右に揺れる。

両手をブラブラと速く振る。

両手をつないだまま、片脚ずつあげる。

すばやくその場でかけ足。

友達のほっぺにやさしく2回タッチ。

ほっぺをニコニコマッサージ。（次のページに続く）

からだちょこまか

赤字の歌詞のところで手拍子。

ジャンケン

ジャンケンをする。

ポン！

勝ち

負け

あいこのときは、勝負がつくまで
ジャンケンをする。

勝った子が負けた子を
追いかけてこちょこちょ！

まて〜！

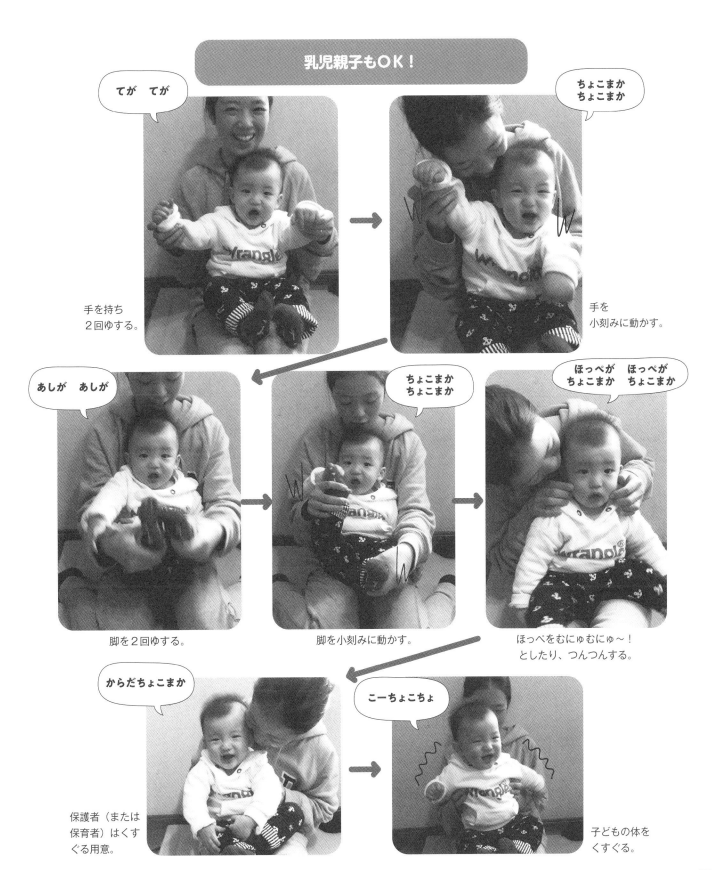

本書の筆者、沢井雅志先生考案

保育現場で大注目の運動遊び教材 「けんぴょんマット」

計測目盛りつき！幅跳びができる！

乳児の色彩分別能力も十分に考慮したデザイン
※詳細は指導書

敷くだけでケンパ遊びが始まる「魔法」のマット！

＊マットを広げるだけで、子どもたちが自発的に遊び出す！

＊幼児期にもっとも発達する調整力（敏捷性・平衡性・巧緻性）を育む。

＊楽しく遊んで、自分の体を守る「踏ん張る力・転がる能力」を養う。

保育者の目、声

保育室でマットの転回運動（前転など）ができる！
「ホールから教室にマットを運ぶのが大変でしたが、けんぴょんマットは場所をとらずに丸めて保育室に置けるので、手軽にマット運動が楽しめる！」

低床平均台のフワフワ不安定が楽しそう！
「柔らかく、落ちても安心なので1・2歳児も安心して平均台遊びができる！」

特別な支援が必要な児童
「感触がいいのか〝気持ちいい！〟と言いながらマット上や足跡を踏むように走っていた」

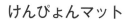

遊び方動画はコチラ！

教材に関するお問い合わせ・ご注文は貴園にお伺いしている弊社特約代理店、または（株）メイトまでお願いいたします。

〒114-0023　東京都北区滝野川7-46-1
TEL. 03（5974）1700（代）http://www.meito.jp

けんぴょんマット

38730 ●￥26,400（本体￥24,000＋税10%）●考案／沢井雅志（運動あそび・体つくり運動指導者・日本体育大学兼任講師）●推薦／荒木達雄（日本体育大学名誉教授）●寸法／たて60×横180×厚さ1.2cm（1枚）●材質／PVC　重量／2.2kg（1枚）●セット内容／マット3、遊び収納用面テープ6、収納用芯棒3、指導書　※抗菌・防炎加工、裏面にすべり止め加工済み

チャレンジ運動！

～巧緻性の運動で脳も活性化！～

幼児期にもっとも発達する神経系を養うには、
巧緻性（器用性）の動きが最適！
このチャレンジ運動で、脳からの指令を体にいち早く
伝達する回路をつくりましょう！

日本に昔から伝わるわらべ歌やジャンケンも活用！

頭も体もふんだんに使う運動がいっぱい！　脳も柔軟に！
指先から全身まで、くまなく体を動かし神経伝達回路をつくる！
2人・3人・グループで動けるので、仲間づくりにも役立つ！
座って動ける運動内容の種目や、幅広い年齢層で楽しめる種目などなど。

ジャンケンに勝ったらジャンプ！
負けたら横転！

みんなで
けんけん！ぱ！

なかなかほい！

従来のわらべうたの遊び方は地面に2本の線を描き、
それを開脚して、またぐなどの跳び方でした。
ここではそれを様々な運動方法にアレンジしています。

1 ジャンプでなかなかほい！

※地方によりメロディ・動き・導入方法などの伝承が相違する場合があります。

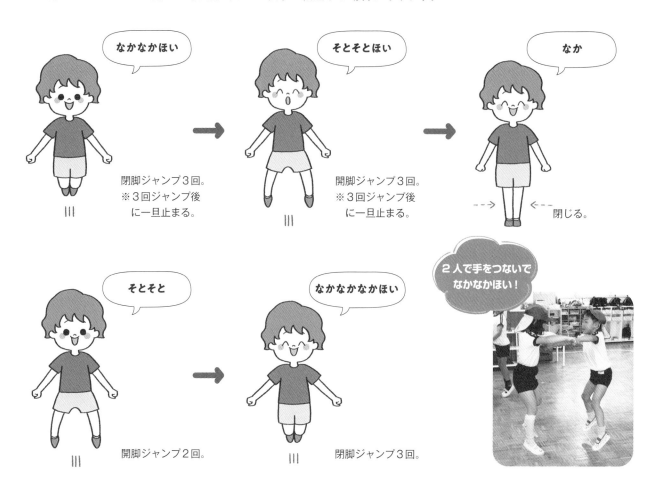

2

指でなかなかほい！　座位でもOK！ 老若男女で動き楽しめます。

なかなかほい

そとそとほい

なか

2本の指をつける。　　開く。　　2本の指をつける。

そとそと

なかなかなかほい！

開く。　　2本の指をつける。

3

指と脚、一緒になかなかほい！　指を閉じたら閉脚、指を開いたら開脚でジャンプ！
指と脚がうまく連動するか挑戦！

なかなかほい

そとそとほい

1 〜 3 の動きを2番の
「そとそとほい……」の歌詞で
挑戦してみましょう！

最後は 1・2番続けて挑戦！

けんぱ遊び

本来は、子どもたちが地面に自由に円を描いて、動き楽しむ遊びですが、
ここでは下記のような方法でけんぱ遊びをおこない、
汗を流してみてはいかがでしょうか。

1. 指けんぱ！でイメージトレーニング！

跳ぶ前に指でおこない、脚の動かし方のイメージトレーニング。

　　※保育者がけんぱのお手本を見せても、足下が見えていない場合が多い！

2. 脚で3種類のけんぱを習得！

＊3種跳ぶと、全部で20回のけんぱが楽しめる。
　そして、バランスよく動くために「けん」→10回、「ぱ」→10回と均等にジャンプできる！

指けんぱ！ でイメージトレーニング　　　「けん」は人差し指1本、「ぱ」は人差し指と中指を開きます。

　けんぱ その1

けん　けん　ぱ　　　　けん　けん　ぱ

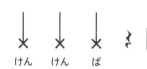
けんけん

→

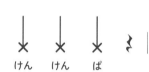
ぱ！

脚けんぱ！

指けんぱでイメージトレーニングが
できたら、脚けんぱ！

けんけん

→

ぱ！

「けんぱ その1」と同様に、"指けんぱでイメージトレーニング→脚けんぱ" の順で
その2・その3も動き楽しみましょう！

けんぱ その2

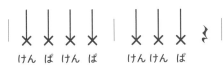

けん ぱ けん ぱ　　けん けん ぱ

けんぱ その3

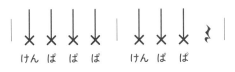

けん ぱ ぱ ぱ　　けん ぱ ぱ

けんぱ！ けんぱ！ けんけんぱ！

けんぱ20！ ＊その1〜3まで続けてやってみよう！

3種類続けておこなうと、計20回のけんぱ！
※「けん」10回、「ぱ」10回と、バランスよく跳べます。

けんけんぱ！ けんけんぱ！
けんぱ！ けんぱ！ けんけんぱ！
けんぱぱぱ！ けんぱぱ！

けんぱの導入は「ぐーぐーぱ！」

＊まだよく動けない子どもたちや、低年齢の子どもたちは、
「けん」（片脚跳び）ではなく、
「ぐー」（両脚跳び）からおこなうとよいでしょう！

ぐーぐー　　　ぱ！

**拍手
けんぱ！**

＊「けん」で拍手、「ぱ」で両手を開きます。
　手と脚をうまく連動させて、けんぱ その１〜３までを楽しみましょう！

けんけん

ぱ！

拍手２回と同時に、「けん」跳び２回。

両手両脚を開く。

※跳び方は前述の、その１〜３以外の方法でも、もちろんOK！
保育者と子どもたちが様々な跳び方を考えて楽しみましょう！

**手合わせ
けんぱ！**

＊「けん」で拍手、「ぱ」で両手を合わせます。
　その１〜３までできるか挑戦！
　跳びながらの手合わせは、幼児には難度が高い動きです。

けんけん

ぱ！

拍手２回と同時に、「けん」跳び２回。

「ぱ」で両手を合わせる。

なかよし けんぱ！

＊2人～多人数で手をつなぎ、なかよくけんぱ！

けんけんぱ！ けんけんぱ！……

2～4人の少人数で

けんけんぱ！ けんけんぱ！ けんぱ！ けんぱ！……

10人以上の多人数で！

※親子や異年齢で楽しむこともできます。

指けんぱで、 はな山をのぼろう！ ～休憩もかねて～

＊指けんぱで手のひら→ひじ→肩とのぼり、そして最後は鼻にジャンプして、はな山に到着！

①手のひらから出発 「けんけんぱ！ けんけんぱ！」

②前腕→ひじとのぼっていく 「けんぱ！ けんぱ！ けんけんぱ！」

③ひじ→肩へとのぼっていく 「けんぱぱぱ けん ぱ……」

④はな山に到着！ 鼻つまみ～ 「ぱぁ！」

ジャンジャン！汗かけ！ジャンケントレーニング！

主に4・5歳児向けのジャンケントレーニングです。
"走る・跳ぶ・転がる・回る・くぐる・はう！"と、
全身の筋肉を刺激する "モリモリ！ ノリノリ！" の運動内容です。

ジャンケントレーニングの効果！

1. ジャンケン！ ポン！ の声がいい！
大なり小なり「ジャンケンポン！」の声があちこちで響くことで、雰囲気が活気づく！
無論、声出しの無理強いは禁物！

2. 判断力を高めるのにいい！
勝ち負けを瞬時に判断して行動することにより、判断力・俊敏性が養える！

3. 握力・腕力を養うのにいい！
子どもは加減なしで、全力で手を握り、開くので、握力と前腕の筋肉も刺激！

ジャンケン・ダッシュ！ 負けたらダッシュで勝った子のまわりを1周回ります。これをくり返します。

ジャンケンポン！

勝った！

負けた

脚力強化

負けた！ 走れる

大人と子どもの違い

～子どもは動きたい！ だから負けたい！～

左の写真は、なぜか負けた子が「やったー！」と喜んで走っています。
子どもたちはジャンケンには勝ちたい、でも走りたい、動きたいのです。
これ以外の遊びのときも動きたいので、故意に負ける子どもが何人かい
ました。かわいいですね！

44

ジャンケン・ハイハイ！

負けたら、勝った子のまわりをハイハイや高ばいで１周します。
このときは「負けたらクマで回ろう！」と言いましたので、
写真の男の子は完全にクマになりきって回っていました。

負けた
ガオー！

腹背筋力・腕支持力強化

ジャンケン・ハハー！

負けた子はすぐに正座をして、
茶目っ気たっぷりに「ハハー！」と頭をさげます。

ハハー！

足腰強化

ジャンケン・トンネル！

勝った子は開脚をしてトンネルをつくり、
負けた子はそのトンネルをくぐります。

全身の筋力刺激

ジャンケン・やられた～！

負けた子は「やられた～！」と言って、ひっくり返ります。
そして、すぐに起きあがって勝負！

やられた～！

ジャンケン・クルッ！

負けた子はその場でクルッ！ とすばやく１周回ります。

アレンジ

５歳児の場合、
①グーで負け→１回自転
②チョキで負け→２回自転
③パーで負け→５回自転

俊敏性向上

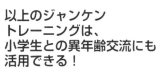
ジャンケン・にんじゃ！

負けた子は横転！
勝った子は忍者のように、横転する子をジャンプ！

ジャーンプ！

以上のジャンケントレーニングは、小学生との異年齢交流にも活用できる！
年齢を超えて楽しめ、地域の行事などでも活用できます。

瞬発力・平衡性（回転感覚）向上

ちょちょいのちょい！

この運動が「ちょちょいのちょい！」と簡単にできるか挑戦してみましょう！
座位でもできるので、部屋でおこなってもOK！
また、敬老会などで祖父母とも一緒に楽しめます。
主に敏捷性と巧緻性を養える運動遊びです。

ちょちょいのちょい！

作詞・作曲／沢井 雅志

ちょ ちょい の ちょい　ちょ ちょい の ちょい　ちょ ちょい の ちょ ちょい の ちょ ちょい の ちょい

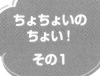

ちょちょいの
ちょい！
その1

ちょちょいのちょい

右の人の肩を3回たたく。

ちょちょいのちょい

左の人の肩を3回たたく。

ちょちょいの

右の人の肩を2回たたく。

ちょちょいの

左の人の肩を2回たたく。

ちょちょ

右の人の肩を1回たたく。

いの

左の人の肩を1回たたく。

ちょい

拍手1回。

47

ちょちょいの
ちょい！
その3

ちょちょ — ひざを1回たたく。

いの — 胸の前で両腕をクロス。

ちょい — 両手をかわいらしく広げる。

ちょちょ — ひざを1回たたく。

いの — 胸の前で両腕をクロス。

ちょい — 両手をかわいらしく広げる。

ちょちょ — ひざを1回たたく。

いの — 胸の前で両腕をクロス。

ちょちょ — 両手をかわいらしく広げる。

いの — ひざを1回たたく。

ちょちょ — 胸の前で両腕をクロス。

いの — 両手をかわいらしく広げる。

ちょい — 頭上で拍手1回。

でんでらりゅうば

長崎県に伝わる遊び歌です。地域によっては、擬音などを発声して動かす方法もあるようです。
手指の運動は脳・運動神経を刺激するといわれています。
たかが手遊び、されど手遊びです。

でんでらりゅうば でてくるばってん でんでられんけん
でーてこんけん こんこられんけん こられられんけん こーんこん

※メロディは動画参考

動かし方

①片手でおこなう
②両手でおこなう
③右手・左手と交互におこなう

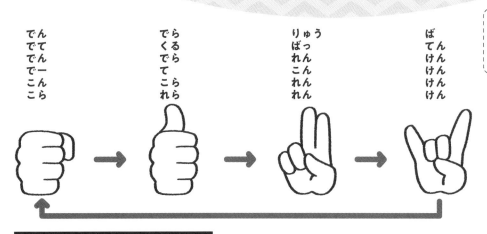

でん でて でん でー こん こら	でら くる でて これ ら	りゅう ばっ れん こん れん れん	ば てん けん けん けん けん

こーんこん

2回ノックをするように動かす

地域によっておこない方は様々

①片手の手のひらの上でおこなう

でん　　でら　　りゅう　　ば

②机上でおこなう

でん　でら　りゅう　ば

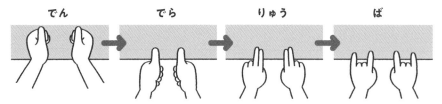

2本指のときに、右のようにひっくり返して挑戦してもおもしろい。

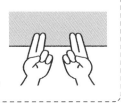

腕の屈伸運動にアレンジ

キツネ指をする**赤字**の歌詞のときに、すばやく反応して腕と片足を交互に上にあげてみましょう！

でんでらりゅう**ば** でてくるばっ**てん**
でんでられん**けん**
でーてこん**けん**　こんこられん**けん**
こられられん**けん** こーんこん

手と片脚を同時にあげて、バランスの運動にも挑戦！

50

すばやく動こう！

～俊敏性・判断力・反応力！～

足！ 脚！ あし！ を使い、忍者のように
すばやく "走る！ 跳ぶ！ 避ける！" 運動が満載！

脚は！

1. **全身の約2/3の筋肉と、1/3の血液が集まっているので、動かすと体が早く温まる。**
   ※ただし、準備運動などは心臓に負担のかからない "脚を振る、たたく……"
   などの軽い運動から始めるのが原則です。

2. **第二の心臓と呼ばれている！**
   ※ふくらはぎには心臓のようなポンプ作用があります。
   活動するときに心臓から送り出した血液を送り返す機能（疲労回復）をもつこと
   から、"脚は第二の心臓" とも呼ばれています。

ぴょんぴょんジャンプ！

子どもたちがよく知っている "カエル・ウサギ・バッタ" のまねっこをしながら、
心も体もジャンプ いっぱい弾みます！
※1歳児後半〜親子まで動き楽しめる跳躍運動です！

カエル・ウサギ・バッタの動きは親子で向かい合っておこない、
「ぴょんぴょんぴょん！」は親子で手合わせを3回おこないます。

1 カエル　カエル

カエルポーズで親子で、左右にゆれる。

ぴょん　ぴょん　ぴょん！

親子で両手を3回合わせる。

2 ウサギ　ウサギ

うさぎポーズで、親子で左右に揺れる。

3 バッタ

バッタ

親子でひょうきんにバッタ運動。

みんなでいっしょに
ぎゅー

ぴょーん！

たかいたか～い！

よけろや！ 逃げろ！

*4歳児・5歳児向け

防犯の観点から、危険察知能力を身につける運動遊びを2種類紹介します。
1. あぶないマン・かいぐりボール……人に衝突しない、物をよける運動。
2. 木の中のリス……昔から親しまれている移動ゲームを、より運動量を増やしてアレンジ。

**あぶないマンが
やってきた！**

子どもたちの人数に対して倍くらいの大きさ
の円などを描きます。
その中へ、まず子どもたちが入り、自由に散歩
をします。
そこへ保育者 "あぶないマン" 登場！

*あぶないマンは追いかけません！
ひたすら円内を縦横無尽に歩くだけですが、
子どもたちは「ワイワイ！ キャーキャー！」大騒ぎ。

あぶないマン登場！
先生は追いかけないよ～！
自由に歩くだけ！
うまくよけてね～

いきなり振り向いて、
こっちに来た！

俊敏性・空間認識能力

すばやくよけて、そして自分
がどの空間に行けば安全かを
見極める能力を身につけます。

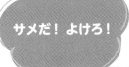

**かいぐりボールを
よけろ！**

今度はかいぐりをしながら、縦横無尽に歩きます。

コロコロコロ〜！
先生はボールだよ！

ボールが来た！

サメだ！よけろ！

サメも来た！よけろ！

サメだ！

**にょろにょろ！
あぶない！**

新聞紙1枚をねじって棒状にし、
その先にスズランテープをつける。

にょろにょろ何か来たよ！よく見てよけてよけて！

にょろ〜！

うわっ〜！

運動利点

**保育者は歩くだけ！
でも、子どもたちは運動量たっぷり！**

保育者は運動量が少ない分、ゆとりをもって、子どもたちを観察しながら運動を誘導できます。でも、決して保育者は手抜きをしているわけではありませんよ！

**ドッジボールなどのボール運動で
よける動きの第一歩！**

ボールは手からはなれたら、コントロールできません。しかし、保育者がボール代わりになれば、自由自在に子どもたちに向かって動けるので、エンドレスで人間ドッジボールが楽しめ、全員がほぼ同じ運動量を確保できます。

言葉で運動！

保育者の「走ろう！ 跳ぼう！ 転がろう！」などの言葉や、身振り手振りにすばやく反応して
動き楽しむ、汗いっぱい！ 笑顔いっぱいの運動遊びです！

> 保育者は、動きの見本を見せずに子どもたちに任せましょう！
> 下記は言葉かけの例です。動きの指示は順不同です。

わーい！

拍手、速く！
いっぱい！

立って！ 座って！
やっぱり立って！

わ～～っ！

床をたたいて！

走って！……
反対回り

ハイハイして～

手を上で
振って！

単なる遊びではない！

拍手・床たたきは、小刻みな刺激を主に大胸筋・上腕二頭筋（力こぶの筋肉）に与えます。
ほかの運動は脚力・腹背筋力などを養う運動が中心となります。
この6種類の運動だけでも、かなりの運動量です。

ちょっと休憩！
寝て運動！

おへそを上にして寝て～
そして気をつけ！

前へ～ならえ！

手と脚一緒に
前へ～ならえ！

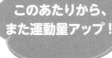

腹背筋力

手と脚一緒に前へならえ！
を何回かくり返します。

このあたりから、
また運動量アップ！

転がって！ もっともっと！
もっと速く～！

手と脚ぶらぶらぶら～！

座って休憩！
表情筋を刺激しよう！

笑って！

泣いて！

怒って！

＊運動の合間に、喜怒哀楽の表現遊びを交えながら展開してもおもしろい！

言葉運動の例 このページをコピーして、読みながら指導をしてみてください。
＊親子で運動をするときは、このページをコピーして保護者に配布し、
　保護者が読んで、子どもに指導する方法をとりましょう！

はい！ 集まったら座って。

はじめは……、立～てやホイ！

す～われやホイ！ やっぱり立とう！ いや座ろうか！

走り回って！ 反対回り！ 反対！ もっと速く走って！

倒れよう！ 転がって！ もっと速く転がろう！

おへそを上にして寝て！

寝たまま、前へならえ！ なおれ！

手と脚一緒に前へならえ！

その手と脚をぶらぶらぶらぶら～！

★親子の場合

子どもは親のまわりを走る。

おへそを下にして寝て！ 下にしたまま、前へならえ！（このときの子どもの表現に注目！ 発想力豊かですよ）

なおれ！ 手も脚も一緒に……、前へならえ！

おへそを下にしたまま、手と脚をドタバタして～！ もっと元気に～！

ハイハイでいろいろなところに行ってきて！

ケンケンジャンプ！ 反対の脚でケンケン！

静かに集まって～！ ゆっくりと、座れや～ホイ！

笑って！ 泣いて！ 怒って！ 騒いで！

ひっくり返って！ 座って！

やっぱりひっくり返って！ 座ったら、おーしまい！

グーパー！ ちょっきんな！

保育者の "グー！ チョキ！ パー！ 拍手！" の手のサインをよく見てすばやく動く、
バーピージャンプを取り入れた、かけっこ遊びです。

※バーピージャンプとは？ 1930年代にロイヤル・H・バーピー博士が考案
狭い場所でも全身の筋肉を刺激できるトレーニング方法。
"気をつけ→しゃがむ→うつ伏せ→しゃがむ→ジャンプ！" の一連の動きを反復する運動。

これを子ども向けに追いかけっこなどを入れながら、楽しく展開できるように
創作したのが、「グーパー！ ちょっきんな！」です。

運動方法を説明したら、保育者は "グー・パー・拍手・チョキ" を無言でおこないます。

グーは
しゃがむ

パーは
バンザイ！

まずはグー・パーの立ち・しゃがみを3～4回動き楽しみましょう。

拍手は
うつ伏せ

次に拍手も入れて、グー・パーの立ち・しゃがみに、
うつ伏せの動きも入れて運動量アップ！

チョキは
追いかけっこ

最後はチョキで、追いかけっこも
交えながら展開しましょう！

こんな動きも！

～保育者が手のグー・パーを速くくり返す～

①保育者が手のグー・パーを速くくり返すと、
　子どもたちは自主的にバネのように "ボヨン！ ボヨン！"
　何回も跳びはねます。かわいいですよ！

②拍手はその場ですばやくひと回りでもOK！

ボヨン！
ボヨン！

逃げろ！

ビリビリ！ ペロリンチョ！

新聞紙や使用済みの紙を破く様子をよく見て、すばやく反応することで、判断力と俊敏力を培う運動遊びです。
対象年齢や場所の広さ、屋内・外などによりおこなう回数（枚数）が変わるので、
子どもたちの様子を観察し、運動量を考慮しながら実施することを心がけましょう。

準備
1回につき、見開きの新聞紙などを3～4枚用意。

1 保育者が新聞紙を破いている間、子どもたちは「わー！」などの声を出して大騒ぎ！

2 破くのが止まったら気をつけ！ これを3・4回くり返します。

③ 新聞紙が全部破れたら、子どもたちはペロリンチョになめられないように逃げ回ります。

④ ある程度追いかけたら、子どもたちを集めて「ペロリンチョをエイ！ エイ！ オー！ で吹き飛ばすよ！」などの言葉かけで、子どもたちは「エイ！ エイ！ オー！」と雄叫びをあげます。

保育者は茶目っ気たっぷりに「許して〜！」と言いながら新聞紙を丸めて、「ポイ！」と言って後ろに投げます。そして新しい新聞紙を出して再び開始！

もう追いかけません！
ペロリンチョが丸く小さくなっちゃった〜
許して〜〜！ ポイ！

新聞紙を破いている途中で、写真のように破いた形を見せて「何に見える？」。
休憩も兼ねて、会話を楽しみながら展開するとよいでしょう！

ふわふわペロリンチョ！

よく見て、すばやく反応して、保育者の脚のトンネルをくぐる！
俊敏性と判断力を培う、ポリ袋を活用した運動遊びです。
ポリ袋に描いた "ふわふわペロリンチョ" の顔が、子どもたちのワクワクドキドキ感を高めます。

準備
写真のように、油性ペンで
ペロリンチョを描きます。

1 子どもたちは保育者の脚のトンネルの前に1列に並びます。

2 保育者はふわふわペロリンチョの顔を後ろ向きにして持ち、脚のトンネルをふさぎます。

3 ふわふわペロリンチョが上に "ふわ〜！" と浮いたらチャンス！ すばやく走って行き、脚のトンネルをくぐります。

いつ上に行くかな？

今だ！

ペロリンチョ〜！

危なかった！

これを順次、テンポよくくぐらせていきます。

最後は "ふわふわペロリンチョ" となかよし！
最後は、ふわふわペロリンチョとなかよしになっておしまい！
保育者が投げあげたふわふわペロリンチョに走って行き、"ムギューキャッチ" で終了。

それ！

体幹遊びを体感して 背筋ピーン！

～正しい姿勢保持に必要な腹背筋力を養う～

"からだぐにゃ" にならない体！
"正しい姿勢で座る・立つ" ができる体！
その体を育むには、低姿勢の運動
（ほふく前進・ハイハイ・高ばいなど）が有効！

※体幹（主に腹背筋、体側の筋肉・関節群）。ただし、各医療機関・文献により相違あり。

正しい姿勢を身につけるには？

体の中心にある脊柱を主に前後から守っている腹背筋を養う！

※ただし、大人がおこなうような筋力トレーニングではなく、遊びながらしぜんに腹背筋を
刺激できる低姿勢の運動→トンネルくぐり・横転・ひっくり返り遊びなどを通じて養っていく。

正しい姿勢を保つ必要性！

＊正しい姿勢を保つことで
脚の運びもよくなり、快適に歩く、
走ることができる。

＊内臓諸器官を正しい位置に
保つことで、各器官が円滑に動く。

おもちきねうす

子どもたちが力いっぱいおもちをついたり、おもちになって
"ふくらむ・しぼむ・こげる・ひっくりかえる" などの
まねっこをしたりしながら、全身の筋肉に刺激を与える運動です。

おもちきねうす

作/沢井 雅志

おもち　ぺったんこ　きねで　ぺったんこ　うす！

○印…手をたたく　●印…手を上下に開く
○ ● ○ ○ ● ○ ● ○ ○ ● ○ うすポーズ
お も ち　ぺったんこ　き ね で　ぺったんこ　うす！

先生おもち！いただきまーす

保育者と一緒に、元気よくモチモチのおもちをつきましょう。最後は「先生おもち」を食べにいきます。

いくよー！ そーれ！

1
保育者の「いくよー！そーれ！」の号令で、きねでおもちをつくように両手を上下に開く。

2　3

歌のタイミングに合わせて、おもちつきのまね（2と3をくり返す）をしながら、うたう。

うす！

4

最後は力強く「うす！」と声を出して、うすポーズ。

5
先生おもちができたよ！

いただきまーす！

保育者が「先生おもちができたよ！」と言ったら走って行き、先生おもちを"むしゃむしゃむしゃ"。

6
うわーっ、食べられちゃう！

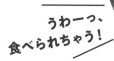

子どももちもち
いただきまーす

P.64の動きを保育者とうたい動いたあと、歌の最後に保育者の「子どもおもちを焼いてみよう!」という言葉かけで、焼けるおもちの様子を動き楽しみます。

1

♪おもち　ぺったんこ
きねで　ぺったんこ
うす!

子どもおもちを
焼いてみよう!

2 ふくらんだ～　ぷぅ～～

保育者が「ぷぅ～～」と言ったら、「子どもおもち」は体を上に伸ばして、ふくらんでいく様子を表現。

3 しぼんだ～　すぅ～～

保育者が「すぅ～～」と言ったら、「子どもおもち」はしゃがんでいき、しぼんでいく様子を表現。

4 ふくらんだ～　ぷぅ～～

保育者の「ぷぅ～～」の声で、またふくらむ。

5 あれ? こげてきた!
あちちちちぃ～!

「子どもおもち」は手脚をバタバタさせて、焼かれすぎて熱いことを表現。

6 こげる前に食べちゃうよ!
いただきまーす!

保育者が「子どもおもち」を食べようとしていることを伝える。

7

逃げろ～!

待て～!

保育者は「子どもおもち」を食べようと追いかり、子どもたちは逃げる。

保育者が疲れないために

「ぷぅ～～」「すぅ～～」の立ちしゃがみは、子どもたちは1・2回おこなうと覚えますので、保育者は手招きで "立つ、しゃがむ" の動作を指示するとよいでしょう。それにより、保育者は体力的にもゆとりが出てきて、より楽しめます。いい意味で手を抜いてください!

65

寝ながらおもちを表現してみよう！

立っておこなう以外にも、寝転がっておもちを表現してみましょう。そして、最後はやっぱり食べられちゃう！ 逃げろ～！

1 ♪おもち　ぺったんこ　きねで　ぺったんこ　うす！
この動きは立っておこないます。

2 ふくらんだ～　ぷぅ～～

3 しぼんだ～　すぅ～～

ふくらむ様子を高ばい、しぼんだ様子をうつ伏せになって表現。

4 ひっくり返そう！はい！

「はい！」と手拍子したら
うつ伏せからあお向けに。

5 ふくらむかな？ぷ～～

あお向けでもふくらむ様子を表現。
そり返ってがんばっています。

6 こげた！あちちちっ！

あお向けの状態で手脚をバタバタ。
熱いよう！

7 いただきまーす！

保育者が「子どもおもち」を食べようと
追いかけます。

※これらの動きは、保育者が手振りを交えた言葉かけに対して、4・5歳児の子どもたちが表現方法を考えました。

かわいいおもち！ ～指でおもち ぺったん～

追いかけっこの合間に
ちょっと休憩をかねて、
小さくてかわいいおもち
をつくってみましょう！

1 ♪おもち　ぺったんこ
　　きねで　ぺったんこ

うす！

歌のリズムに合わせて、指をくっつけたり、
はなしたりして、おもちをぺったん。

指でうす！

2 ふくらんだ～　ぷぅ～～

両手の親指と人差し指で輪っかをつくり、
ふくらんでいる様子を表現。

3 しぼんだ～　すぅ～～

両手を小さくして胸元へ。

ふくらみすぎて、おもちが
割れたことをひっくり返っ
て表現。子どもたちはこの
シーンが大好きで、何回も
やりたがります。

4 ふくらんだ～　ぷぅ～～

おもちがどんどんふくらんでいくように、
両手を広げていく。

5 バーン！

割れた！

なかよし運動

2人・3人からグループで動き楽しめる "なかよし運動" です。
主に低姿勢の運動を紹介。低姿勢＝腹背筋力を養います。
ここでは主に、次の2つの目的に沿った運動を紹介します。
①正しい姿勢づくり。
②学校体育でおこなうマット・鉄棒・跳び箱などの
器具運動の基礎体力習得。

にょきにょきやま

足の裏を合わせて
近づく。

手をつなぐ。

にょきにょき

片脚をあげる。

完成！

反対の脚もあげて
完成！

花が咲いた！

上から
見ると

花のつぼみから……

両脚をあげる。

花が…

脚をおろさない
ように、腕の外
に開脚。

逆あがりの基本にもなる

花が咲いた！
完成！

完成！

足裏を合わせて用意。

中央にあげて花のつぼみ。

床に脚をおろさないで、腕の外で開脚。

おしりスケート

ビューン！

脚を持ったら
引っ張って、
おしりスケート！

**おかあさんを
ビューン！**

親子でも挑戦！
親が子を、
子が親を
ビューン！

でこたっち

おでこを
つけたまま、
立つ→うつ伏せ→
立つができるか
挑戦！

トンネル遊び

"ほふく前進・ハイハイ" などの低姿勢に、しぜんになれる方法がトンネルくぐり！
保育者・親子・異年齢、そして祖父母（運動内容による）と幅広い年齢層で動き楽しめます。
家庭内でドタバタ音を立てずに "保護者は楽！子どもは全身の筋肉群を刺激できる"、
子どもたちにはもちろん保護者にも、とても好評な運動遊びの一つです！

トンネル名を話し合う子どもたち。
下記は子どもたちが考えたトンネル名の中から
選びました。

富士山トンネル

テレビトンネル

三角トンネル

大人は転倒防止に
大切な内転筋強化！

赤ちゃんトンネル

椅子トンネル

Tトンネル

大人は体側を鍛えます
バランスよく体を鍛えるために左右両方の向きでトンネルをつくり、子どもとともに体幹を鍛えましょう。

サイコロトンネル

トンネルくぐりは自分の体の位置・大きさを知り、"自分の体を自分で守る" 術を培う!

園庭や公園で木や鉄棒の下をくぐる、ジャングルジムの中をくぐるなど、いろいろな遊びを通じてしぜんに自分の体の位置・サイズを理解している子は、頭や体をぶつけずにうまくくぐれます。

しかし、そのような経験が少ない子は、くぐるときに頭やおしりを早くあげすぎてぶつかることもしばしば。トンネル遊びをたくさん楽しんで、自分の体を自分で守れる術を体得しましょう!

大人も腕支持運動と背筋運動!
子どもがくぐったら腰をおろして休む、またくぐるときに腰をあげるなど、休み休み子どもと楽しんでください。

コップトンネル　　大人がつくった腕の輪に、下から入り、輪にさわらないように上から出る。できるかな?

1  → **2**  → **3**

とことんトンネル

主に集団でおこなうトンネルくぐり競争や、
ジグザグトンネルくぐりなど、
体幹はもちろん、脚力や注意力を養う運動遊びを紹介！

トンネル
くぐれたかな？

保育者が「トンネルくぐれたかな？（10文字）」と10かぞえる間に、全員がくぐれるか挑戦！

よーい！

できるかな？

どん！
1　2　3　4
ト・ン・ネ・ル……

5・6・7・8
く・ぐ・れ・た……

9　10
か・な？

わーい!!

全員くぐれた！
大成功！

写真のような小さい、狭いトンネルにも挑戦してみましょう！

> **アドバイス**
> 後ろに並んでいる子は「くぐれるかな？」という不安感があるので、
> 1回終わる度に順番を変えておこないましょう。異年齢でもOK！

トンネルくぐり 競争

2チームに分かれて、どちらのチームがより速く、くぐり並び終えるかを競争します。
合図でスタート！（今回は、片ひざ立ての小さいトンネルで競争です）

速〜い！

勝ったのは……？

赤チーム！

やったー！

全員がくぐり終わって並びました。どっちが速かったかな？

ジグザグ トンネル

2グループに分かれます。 一つのグループは写真のように横並びになり、手をつなぎトンネルをつくります。
もう一つのグループはそのトンネルを順次、ジグザグに走ってくぐります。くぐり終わったら交代します。

脚のジグザグトンネルも
どうぞ！

アドバイス

①親子や異年齢でもOK！ ②保・幼・小の連携イベントでもOK！
そのときは、保護者・小学生らはトンネル役のみです。

だんごむしがころんだ

ひっくり返っては起きあがる！ 起きあがりこぼしみたいな
運動をおこないます。

目的と運動効果

1. **転倒したときの安全対策！**
2. **体を丸める動作は柔軟性を養い、腹背筋力を高める！**
3. **回転感覚をつかむ！**
   小学校のマット・鉄棒で学習する転回運動の予備動作として役に立つ！

ぐるぐる
だんごむし！

だんごむしがころん

だー！

「だー！」で後ろにコロン！ と
転がって……

手首をクルクルと動かしながら、
足をドタバタさせます。

元に戻れるかな？

手はパー！
いくよ～！

指折り・
だんごむし！

下記のイラストのように「だんごむし……」と声を出しながら両手の指を親指から折っていきます。

だ　　ん　　ご　　む　　し　　が　　こ　　ろ

ん

だ！

「だ！」で両手をパーに
すると同時に、
後ろにコロン！

一気に立つ！

うまく立つには？

立つときにすばやく脚を丸めて、
かかととおしりを床につけるのがポイント！
まさに、前転して起きあがるときと同じ動作！
これができると、前転の連続も
スムーズに回れるようになります。

前転のイメージ

なかよし
きんにくーん！

保育者・子ども同士・親子・異年齢と、
幅広い年齢層で動き楽しめる筋肉遊びです。

はなれましぇーん！

保育者・保護者は脚にしがみついた子どもたちを、脚をゆらしてはなそうとします。子どもたちは、はなれないようにがんばります。

執念！
脚からはなれた子が、即座に体にしがみつきました。

全身の筋肉を刺激
特に上腕二頭筋

ひらけ〜！トンネル！

保育者は脚を閉じて用意。合図で、4〜5人ずつで保育者の脚をがんばって開いてトンネルをつくり、そこをくぐります。

保育者はがんばりすぎず、徐々に脚を開き、
子どもたちを通していきましょう！

忍者バッタ

写真のようにうつ伏せで重なり、合図で上と下がすばやく入れ替わります。
合図を徐々に速くしていき、忍者のようにすばやく入れ替わります。

よーい！ ハイ！

それ！

入れ替わり！

運動効果〜大人の運動で例えると、腕立て伏せと同様な動作〜
上の子は両腕で体重を支えて下におりる→下の子は自分の体を両腕で
押しあげてから上にあがる。
これをくり返すと、ほぼ腕立て伏せと同じ動作のくり返しになります。

よいしょ！

保育者・保護者はうつ伏せになります。子どもたちは力を合わせて、
あお向けにひっくり返します。
※保育者対10人くらいの子どもたちでも充分に動き楽しめます。

よいしょ！

やったー！

よーい！ はじめ！

やられた〜！

**子ども同士でおこなうときは、
寝ている子は必ず両手をバンザイ！**
両腕を横にすると、ひっくり返されるときに片方の
腕をひねってしまいますので、要注意です。

でかイモ抜き！

保育者同士で手をつなぎ、うつ伏せになります（おイモのつるでつながっている状態）。子どもたちは綱引きのように両方向から引っ張り、保育者の手がはなれたら子どもたちの勝ち！

\がんばれ〜！/

よいしょ！
よいしょ！

子イモ抜き①

1人は床にへばりついて、動かないようにがんばります。もう1人は引っ張ります。

それ！

よいしょ！
よいしょ！

子イモ抜き②

2チーム対抗でおこないます。人数は場所の広さに応じて決めてください。

※うつ伏せの子は両手バンザイで手をつなぐように指示をしましょう。

うわ〜
抜かれた！

バナナの皮むき

子ども同士・異年齢・親子や保・幼・小連携イベントにどうぞ！

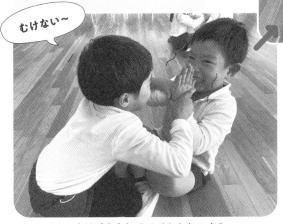

1人は手を合わせてバナナをつくる。
もう1人は手首を持ち、左右に引っ張りバナナの皮をむく。

むいたらコチョコチョ食べちゃえ！

親や保育者と勝負！

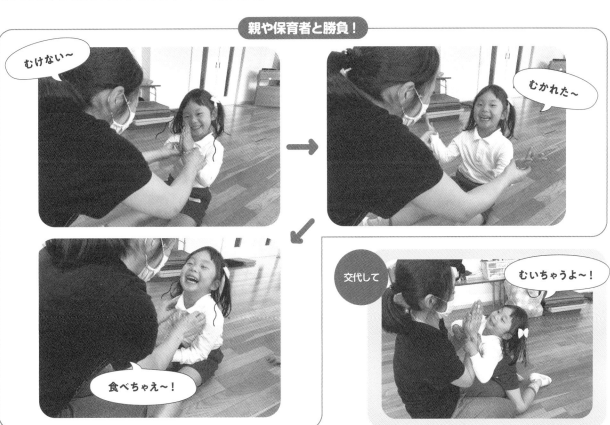

雑巾がけは体幹を鍛える！

～小学校で実施されるマットの転回運動や倒立、跳び箱の開脚跳びなどに役立つ！～

雑巾がけは床をみがくだけではなく、子どもたちの体もみがいてくれます。
子どもたちの体力増進や運動能力向上に非常に役立ち、
その運動効果は主に下記の通りです。

腕力
支える力を育む！
主に自分の体を支える
腕支持力・筋持久力・
押す力が養える！

腹背筋力
姿勢筋を育む！
正しい姿勢を保持する力を養う！

脚力
足腰強化！
脚力と主に瞬発力を育む！

以上の運動効果は、小学校で実施されるマット・鉄棒・跳び箱などの基本になる運動能力を習得するだけではなく、"自分の体は自分で守る"能力（転倒したときに手が出る、うまく転がり大ケガを防ぐほか）も培えます。

マットの雑巾がけリレーも楽しいよ！

倒立運動にも結びつく

身近なもので、こーんなに体が動かせる！

～思考力・空間認識能力を身につけよう～

使用済みの紙・トイレットペーパーの芯・
紙コップ・タオル・ホース・ポリ袋ほか、
身近にある素材が子どもたちの運動能力を伸ばすのに大活躍！
子どものみならず、親子の活動にも最適！

身近なもの運動の「み・じ（ぢ）・か」とは……

み …みんなでも、1人でも楽しめる！

じ …自宅にあるもので運動ができる！

か …考える力がつく！

トイレット
ペーパー
芯タワー！

バスタオル
引き！

トイレットペーパーの芯で遊ぼう！

"立てる・投げる・転がす・メンコにして遊ぶ" ほか、いくつかの遊びを紹介！
家庭内で手軽にできる運動もあります。

立てる・投げる・転がす

1 フーフーころころ

息を吹いて転がす。

2 倒さず回れ！

芯を倒さずに、まわりをダッシュ！

3 投げあげキャッチ！

微妙に変化をする
芯をとれるかな？

4 ジグザク走

倒さず！ 俊敏に！

5 ハードルジャンプ！

芯2本の上に1本を横にして重ねて、
ミニハードル完成！
倒さずに越えられるか挑戦！

6 2人で投げ合う・
コロコロキャッチボール

タワー作り

※準備…使用済みの紙や廃棄するディスク

紙を自分たちでちぎり、タワー作りに挑戦！
何段まで積みあげられるか？
1人でも2・3人のグループで、共同で作ってもOK！

CD・DVD のディスクでもOK！

紙をちぎる → 芯 → 紙 →芯 ……と交互に積みあげていく → 6段タワーができた！

先生見てー！

タワーの作り方は子どもたちにお任せ！ 　紙とトイレットペーパーの芯を用意したら、紙をどうちぎるか？
芯になる柱は何本使うか？ などは、子どもたちに任せて作らせましょう！
結構、長い時間集中して遊んでいます。

メンコ

メンコの作り方
①トイレットペーパーの芯を軽くつぶす。
②表裏がわかるように片面にカラーガムテープなどを貼る。

※幼児は風圧でひっくり返すのはむずかしいです。
　芯をつぶして少し丸みをもたせると、当たったときに
　クルッとひっくり返るので、飽きずに楽しくできます。

**ボールをうまく投げるには
"メンコ"も有効！**

●手首のスナップ力がつく。
●コントロールが身につく。
●インナーマッスル
　（関節に近い筋肉）を養える。
●投球フォームが身につく。

プレイ・ボール

「プレイ・ボール！」＝
" さあ！ ボールと遊びましょう！ " という意味です。

ボールをうまく投げる！捕る！ということより、
まずはボールと慣れ親しむことができる、
安心・安全に楽しめる運動から始めます。

まずは
ジャンジャン投げよう！

●まあるいボールを持つと、 " ほんわか " まんまる笑顔になる！

●ボールが弾むと、心も体も " ポンポン！ " 弾む！

●ボールがコロコロ転がると、 " ウキウキ！ " 楽しくなる！

●ボールを投げると、 " スカッ " と気持ちいい！

ここでは " 投げる・捕る " の２つの運動方法に分けて紹介します。

思いきって投げてみよう！

捕れるかな？

～思いきって投げてみよう！～

ジャンジャン投げよう！

まずは "投げたい！" 欲求を満足させることが大事。理屈はあと！
それには "柔らかい・つかみやすい・手軽に作れるくしゃくしゃボール" で、
とにかくいっぱい投げさせる！ 特に玉入れが有効です。

くしゃくしゃボールを作ろう！…A4・B5サイズなどの使用済み紙などを丸める。

投げるものは、安全なものであれば
何でもOK！
＊ポンポン・新聞紙・チラシなど。

何でも玉入れ！

保育者（親）の腕の輪・帽子・虫とり網・リトルコーン・フードカバーなどに
ジャンジャン投げて何個入るか？ 玉入れ大会の始まり！ 始まり！

足腰が鍛えられる玉入れ！

何度も "しゃがんで拾って、立って、投げる！" をくり返すので、スクワット効果が大！

うちわ当て

低年齢の子どもの場合は導入として、投げずに
「カエルさんの口にごはんをどうぞ！」などと楽しみます。

豆まき！ 鬼は外！
当てられる？

虫とり網入れ

見事なスナップ力！

帽子入れ

フードカバー入れ

リトルコーン入れ

"投げる"動作を身につける遊び！

ボール投げに大事な動作の一つが手首のスナップです。
そのスナップ力を遊びながら、しぜんに身につける運動方法を紹介します。

保育者・保護者の手をパッチン！

子どものひじが肩の高さ、もしくは肩より上にあがるように、
大人は手を少し高くあげて手をたたかせる用意をします。

そして手をパチン！とたたきます。

しぜんにボールを投げる
ときの手首のスナップの
動きが身につきます。

朝、登園したときに園の門や玄関で園長先生や保育者と、または保育室から外に遊びに行くときに保育者とおこなうなど、
日常保育の中で気軽におこないましょう！

ジャンプでパッチン遊び！

アタックのようにパッチン！

ポリ袋やポンポンをバレーボールのアタックのようにジャンプしてパッチン！

**"メンコ遊び"も投げる運動には有効な手段！
P.83のトイレットペーパーの芯遊び「メンコ」参照。**

ねじねじ棒でパッチン！

ねじねじ棒を作ろう！
①使用済みのコピー用紙などを半分に、さらに何回か半分に折っていき、紙を細くします。
②そして雑巾をしぼるように、ねじねじねじって完成！

折って！ 折って！
また折って！

ねじねじねじって！
できた！

たたけ！ たたけ！

棒を持ったら、子どもたちは、たたきたくてしかたありません。 まずは、その欲求を充分に満足させましょう！

ひげじいさん！
こんな遊びも
入れながら、気軽に
おこないましょう！

ほれ！ ほれ！ 宝！

「みんなの足のところに、宝がうまっているよ！ ほって！ ほって！」などの言葉をかけます。
子どもたちは思いっきりジャンプをして、何回も床をたたきます。

それ！

→

エイ！

～捕れるかな？～

子どもは、保育者・保護者の "手のボール" をよく見て捕ります。
園でおこなうときはクラスの朝の集まりや降園時など、椅子席のままでも、
一人一日一回でよいので、捕れた喜びを味わわせてください。
それが自信になり、実際のボールを捕ることにつながります。
※慣れてきたら、手を上下左右に少し動かしてやってみましょう。

いくよ！
ボールを
よく見て～！

うまい！ 捕れた

デカボールは
捕りやすい！

ポリ袋やカラービニパックの中に、見開き1枚分の
新聞紙を軽く丸めたものを約20個入れる。
※大きくて "柔らかい！
　つかみやすい！" ので捕りやすく、
　低年齢児でもOK！

子どもたちは一列に並びます。保育者は先頭の子にパス！ 保育者に投げて返したら、列の最後尾に並びます。
これを順次くり返します。保育者は真っすぐ投げる、高く投げるなどして、子どもたちとキャッチ＆パスを楽しみます。

ポリ袋・ポンポンボールを捕ってみよう！

ポリ袋ボール（新聞などを詰める）やポンポンでキャッチ＆パス！

デカボール競争 両手で送ろう！

各チーム、一列に並んで向かい合い、目の前の子と両手をつなぎます。合図でスタート！両手をはなさずにデカボールを後ろへ送っていき、最後尾まで早くついたチームが勝ち！慣れてきたら、往復・2 往復などにも挑戦！

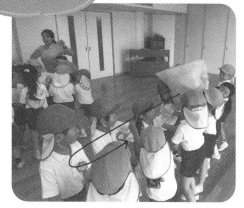

ゴール!!
やったー！

キックで送ろう！

両手はつないだままで、みんなでデカボールキックをして送ります。

ポリ袋遊び！

滞空時間が長いから捕りやすい！ 動体視力向上にも最適！

投げあげキャッチ

頭上に投げあげて
キャッチ！

拍手でキャッチ！

拍手を1回して
からキャッチ！

投げあげ足キャッチ！

投げあげる→すばやく座る→足でキャッチ！ お見事！

そのほかのキャッチ！

その場でクルッと回ってからや、
床をタッチしてからキャッチ！ なども。

何回ポンポンできる？

手でポンポンとついてみよう！

リフティング

1・2・3……

落とさないように
連続キック。

手のひらバランス

ポリ袋を手で "シュッシュッ" とこすり、細い棒状にします。
袋の底を手のひらに載せて、ポリ袋を手のひらの上で立たすことができるか挑戦！

色指示キャッチ！

ポリ袋の持ち手に赤・青のスズランテープをつけて、指示された色のテープをキャッチ！　※主に親子や小学生で楽しめます！

ビッグ サッカーボール

ビッグサッカーボールは弾むので、楽しさ倍増！
運動会で親子・保護者・小学生の競技としておこなうと大盛りあがり！
もちろん、右下の写真のように子どもだけでも楽しめます。

ボールを上手に捕るには？

1. ボールを捕るときに最初に動くのは "目" です！

P.89の "手ボール" キャッチを保育者・保護者・子ども同士でおこない、
ボールを見て捕るための動体視力を養いましょう！
P.91のポリ袋遊びや追いかけっこなども、動体視力を養うのに役に立ちます。

2. 小さい子には "柔らかい大きいボール" で安心感と自信を！

特にP.89のデカボールは大きくて柔らかいボールですので、
安心して捕ることができ、そして「捕れる！」という自信につながります。

3. 人が教えすぎると……子どもは、頭がパニック！ 体は固まる！

時折、公園などで保護者が子どもに対して「手はこう構える、脚を動かして！
ボールが上にきたら手はこう出す！」などと教えている声を耳にします。
そうすると子どもは覚えることが多すぎて、何からやっていいかわからずに、
体が固まって動かなくなり逆効果です。

4. キャッチボールは思いやりの気持ちをはぐくむ！

キャッチボールはどこに投げればいいのか？ どのくらいの速さ、強さで投げたら
相手が捕れるか？ などを学習できる運動方法なので、
知らず知らずのうちに相手を "思いやる気持ち" が培われます。

紙コップけん玉で遊ぼう！

けん玉遊びの効果

1. ボールを取るときの基本動作を習得できる。
ボールを取るときは軽く脚を曲げます。けん玉も同じ動作をおこないます。

2. 脚力が養える。
けん玉をおこなうときは脚の軽い屈伸運動を何回もおこないますので、
しぜんに脚力を養えます。

3. 動体視力・忍耐力を培う。
けん玉の玉を目で追うことにより、ボールを取るときに必要な動体視力を培います。
また、はじめのうちは"失敗してはやり直し！"のくり返しですので、忍耐力もつきます。

準備 1人につき1個（本）
●細く裂いたスズランテープ　●紙コップ　●A4もしくはB5サイズの紙　●セロハンテープ

作り方

①30㎝前後の長さのスズランテープを写真のように細く裂く。裂いたら次の子にスズランテープを渡す。
　※年齢や身長により、長さは調整してください。

②裂いたスズランテープを紙コップの内側にセロハンテープなどでつける。

③A4もしくはB5サイズの紙を丸めて玉を作る。　　④玉とスズランテープをセロハンテープでつける。

けん玉遊び

紙コップけん玉が
完成したら、
けん玉遊びに挑戦！

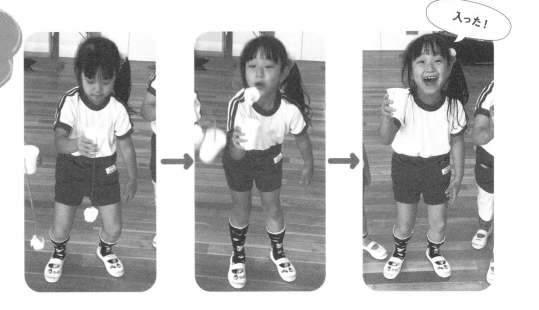

入った！

コロコロ パックン

保育者が「コロコロ……」と言っている間、子どもたちは玉を転がします。
「パックン！」と言ったら、子どもたちはコップで玉をつかまえます。
これをくり返します。中腰姿勢で活動するので腹背筋・足腰が鍛えられます。

コロコロコロコロ……

パックン！

つかまえた！

コックさん

この遊びは、この女の子が考えました。
それを見て、みんなも落とさないように
歩けるか挑戦してみました。

どんぐりころころ

うたいながらコップと玉を操って
楽しむ紙コップ遊びです。

♪こんにちは

どんぐりころころ
どんぶりこ

紙コップを小刻みに上
下に振り、玉をどんぐ
りが転がっているよう
に動かす。

おいけに

はまって

「おいけに」で玉を手に取り、
「はまって」で玉を紙コップ
に入れる。

さあ！
たいへん！

「大変だ！」という感
じで、紙コップを頭上
にあげてバレリーナの
ように、その場で一回
転。

どじょうが
でてきて

紙コップを下から上
に、どじょうのよう
に、ニョロニョロ動
かしていく。

こんにちは

紙コップを逆さま
にして玉を落とす。

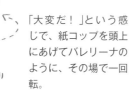

ぼっちゃん
いっしょに

紙コップと玉をリズム
に合わせて"コンコン"
と４回たたく。

あそびま

紙コップの中に玉を
入れる用意。

しょう

紙コップの中に
玉を入れる。

紙！運動だよーん！

使用済みのA4やB5サイズなどの紙を丸めずそのまま使い、
"持って・置いて・載せて" などの方法で
楽しむ運動遊びです。

はしりマント！ ねるマント！

紙をマントにして、自由に走り回ります。保育者の「ねるマント！」の言葉かけで、
マントをかけて寝ます。
保育者の言葉かけで "走る・寝る" をくり返して楽しみます。

子どもたちに「これは空飛ぶマントだよ！」と話をしたら、1人の女の子が
「はしりマントー！」と声を出して走り出しました。寝るときは「ねるマント！」だそうです。

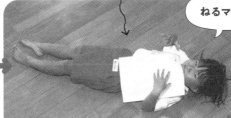

はしりマントー！

ねるマント！

脚力・腹背筋力

5歳児になると、"寝る・立つ" ともに手を使わずにおこなえる子もいます。恐るべき！腹背筋力！

ゆらゆらキャッチ！

投げあげると紙がゆらゆらと不規則に落ちてきます。
その紙をキャッチできるかな？

取れるかな？

またいで走れ！ 行ったり来たり！

\上向きで！/

\ハイハイで！/

脚力（踏ん張る力）・脚支持力

子どもの体格からすると、この紙の幅は結構広いため、開脚して走る・ハイハイをするときに手や足がすべらないようにするためには、踏ん張る力が必要です。

縦・横ジャンプ！

紙の上を縦・横方向からジャンプ！

後ろ向き跳びやケンケンでも挑戦！

紙枕でひと休み！
ここまでの運動でもかなりの運動量に
なります。
合間に紙枕休憩を入れましょう！

ハーフターンジャンプ！

またいで用意！

それ！

お見事！

はさみ跳び！

脚の間に
紙をはさんで
ジャンプ。

脚力（内転筋）
踏ん張る力を養う運動に
は内転筋を鍛える方法も
あります。紙を脚にはさ
むことにより、内転筋を
刺激します。

紙は続くよ！どこまでも！

一列に並べた紙をまたぎながら
走ったり、高ばいで進みます。

ボディコントロール
バランスを崩さずに、
うまく完走できるかな？

だるまさんのお引っ越し

子どもたちはだるまさんになり、紙座布団の上に座ります。
保育者が「だるまさん、だるまさん！ お引っ越し！」と言ったら、子どもたちは
一斉に自分の座布団からはなれて、違う座布団に移動します。これをくり返します。

だるまさん、だるまさん！
お引っ越し！

あいているかな？

あった！

スピードアップ！

だるまさん逃げてー！
だるまさんがお引っ越しをするときに、保育者がだるまさんをつかまえにいきます。

つかまえた！

保育者はつかまえただるまさんをはなし、
運動遊びを再開！

お引っ越しの合間に、次のような動きを取り入れて楽しみましょう！

だるまさん、だるまさん！
ころんだ！

だるまさん、だるまさん！
おこった！

ほかにも、
「おへそ・あたま・ほっぺ」で
体の各部位にタッチなども
あります。

引っ張れ！

さあ！身近にあるもの、安全なもの、何でもかんでも、
引っ張れ！引っ張れ！
低年齢児から小学生・親子でも楽しめる
綱引き遊びで、全身の筋肉を刺激しましょう！

バスタオルを広げて引っ張れ！（1・2歳児でもOK）

保育者対2歳児の対決！
3歳児以上でも保育者対5～6人で引っ張れます。

バスタオル・タオルを棒状にして引っ張れ！（3歳児以上）

タオルを棒状にして引っ張ってもOK！

新聞棒を引っ張れ！（新聞紙を丸める）

新聞紙を棒状に丸めて、ガムテープなどで
2～3か所をとめて引っ張ります。

ホースを引っ張れ！

水道のホースを使った
子どもたち対保育者との対決は盛りあがります。

マットを引っ張れ！

写真のように中央にマットを何枚か置いて、
2チームに分かれます。
合図で走っていき引っ張り合い、たくさんのマットを自陣まで持ってきたチームの勝ちです。

防犯に役立つ運動遊び

子どもたちが危険から自分の身を守るために身につけてほしいチカラは
「走るチカラ」「叫ぶチカラ」「反撃するチカラ」。
そうしたチカラを育むことができる運動遊びです。

監修／清永奈穂（NPO法人体験型安全教育支援機構代表理事）

走るチカラ
〜危ない人から逃げる〜

チューチューネズミ

子どもネズミ対大人ネコの追いかけっこ遊びです。とにかく "はしる！ 走る！ はしる〜！"
2歳児から "ワイワイキャーキャー" 楽しめる、俊敏性・心肺機能を高める運動遊びです。

とっさに逃げる、という力は何をおいても必要です。ではどのくらいの距離を走ればよいのかというと、それはズバリ20m。理由は、犯罪者は20m追いかけて子どもをつかまえられないと、「子どもを追いかけている姿を誰かに見られて、自分がつかまるのではないか？ あきらめようか」という心理になるのが、おおよそ20mくらいだからです。つまり、「走って20m逃げ切れる」チカラを身につけることが大切なのです。小学生になれば、ランドセルやバッグを持って逃げることも想定されます。走りにくい場合は、ためらわずにそれらを投げ捨てる知恵も必要です。20m走り切る体力と知恵を小さいころからオニごっこなどでつけていきましょう。

チューチューチュー！

ネズミのまねっこをして「チューチューチュー！」と鳴きながら、ジャンプを3回します。

だ〜

れ！

両手を上から大きく内回しをしながら保育者に「だ〜れ？」と聞きます。

ネコです！

マット島に逃げろ！

よかった！

保育者が「ネコです！」と言ってネコになったら、
つかまらないように一斉に安全地帯まで逃げます。
距離は3〜4mの短距離から徐々に長くします。

※屋外なら10〜20mと長くしていきましょう。

ネコ以外の例えば"ウサギ"なら「あーよかった！ ピョン！」とポーズをとり、逃げなくて大丈夫！

ウサギです！

あ〜よかった！

ピョン！

両手を上から大きく内回しをしながら「あーよかった！」、そして「ピョン！」と跳ねる。

ほかには
＊ブタで「あーよかった！ ブー！」と右の写真のようにポーズ、タヌキで
「あーよかった！ ぽんぽこぽん！」と腹つづみを打つなど、追いかけっこの
合間にまねっこ遊びを入れて楽しみましょう！

あーよかった！
ブー！

反撃するチカラ・立ち向かうチカラ
~危ない人に抵抗する~

木の中のリス

レクリエーションゲームとして昔から楽しまれている「木の中のリス」を紹介します。この遊びも、"逃げる！ 隠れる！ よく見て走る！"などの危機回避に必要な能力を身につけることができます。

★今回はアレンジとして、よりすばやい動きを身につけるために、オオカミを登場させての追いかけっこ遊びも加えました。

危機に遭遇したときに自分で乗り越えるためには、**きっぱり断ち切り、とっさに立ち向かう力**も必要です。まず「嫌だ」と断ち切ること。加えて、**犯罪者に手をつかまれたときは横にブンと振ること**。通常、思わず引っ張って逃げようとしますが、腕を抜くことはできません。引っ張るのではなく、横に激しく振って抜く「腕ブンブン」をすれば脱出可能です。おしりを床につけてバタバタと足で相手のスネを蹴って逃げるスキをつくる、それがダメでもあきらめないでかみつく、というように有効な反撃方法を体験しておくことで、**いざというときに瞬発的に動ける体をつくる**ことができます。ふだんの園生活の中で、**瞬発的に判断し動けるような遊びや、横にジャンプする、すばやくすり抜けるような遊び**を取り入れましょう。

リスさん、リスさん！

2人は木の役で、向かい合って両手をつなぎます。真ん中の子がリスです。

とんでけ！

「とんでけ！」と木の2人が両手を上にあげたら、リスはほかの木に移動します。

よかった～！あいてた！

リスさん、リスさん！元通り～！

これを2回くらいくり返したら、「リスさん、リスさん！ 元通り～！」で、元の自分の木に戻ります。そしてリスを交代します。

**リスの森に
オオカミがきた！**

運動方法は同じですが、リスが移動するときに、
保育者がオオカミになり、リスを追いかけます。リスはより速く移動しなければなりません。

リスさん、リスさん！
とんでけ！

怖くないよ〜！

オオカミだ！ **ガオー！**

このとき、このリスの子は「怖くないよ〜！」と言いました。

「怖くない」とオオカミに言った結果……、
追いかけられることになりました。

助けて！

逃げられた！

リスは、たとえつ
かまっても、振り
払って逃げます。
オオカミは粘りに
粘ってからリスを
はなしましょう。

叫ぶチカラ
～ためらわず大声を出す～

"わるいんジャー！" 対 "ドタバタギャー！"

保育者の表現に、即座に子どもたちが反応できるか？
子どもたちの集中力と俊敏性が試される運動遊びです。
その場で動き楽しめますので、部屋などの限られた場所、そして親子でもおこなえます。

助けを求めるにも、相手をひるませるためにも、大声で叫ぶことは有効です。しかし、**大人でも子どもでも、いざというときに大声は出せないもの**です。怖い目にあった子どもの880人のうち2.5％しか大声を出せなかった、という全国調査の結果もあります。**大声を出しやすくするには、体をくの字に曲げて、顔を前に出すことがポイント**。また、遊んでいるときの声と間違われないよう、**助けを求めるように手足をバタバタさせながら叫ぶと、まわりの大人が危機を察知しやすくなります**。幼児期から大声を出すトレーニングをしておくと、大人になってからも、いざというときに大声を出せることが多くの事例から確認されています。大声は災害時にも役立ちます。遠くの人に声を届ける遊びをたくさんしましょう。

運動方法 保育者は通称 "わるいんジャー！" という悪い人の役。

1 子どもたちは "わるいんジャー！" と向かい合い、その場で足踏みをします。
"わるいんジャー！" は腕を組み、子どもたちにすきがあればつかまえようと、キョロキョロと子どもたちを見渡しています。

うーん…
誰をつかまえるかな？

変な人が見てる……

できたら3〜5mはなれる

2 "わるいんジャー！" が無言で両手をあげてつかまえるポーズをしたら、
子どもたちは即座に両手足をドタバタしながら、
"わるいんジャー！" に向かって「ギャー！」と大きな声を出します。
"わるいんジャー！" が両手をあげている間は、めげずに両手足ドタバタギャー！ をくり返します。

ギャー！

❸ "わるいんジャー！"が耳をふさいで"後ろ向きになり、「うるさい！」というしぐさをしたら、子どもたちの勝ち！

❹ また、"わるいんジャー！"が子どもたちの方を向き、つかまえるポーズをとったら、すぐにドタバタギャー！

"わるいんジャー！"が腕を組んで振り向いたら、❶と同様に始めからおこないます。

ときには"ドタバタギャー"の動きを、ひっくり返っての"ドタバタギャー"にして楽しみましょう！

屋外や広いスペースでしたら、自由に歩き回るなど、少しずつ距離を広げてもよいでしょう！

うんちく **7** セブン

① 大人が嫌いな動き＝子どもは大好き！

〜走る・跳ぶ・回る・転がる・のぼる・飛びおりる・はう（狭い所に入る）〜

走るの大好き！

以上の動きは、子どもは大好き！
しかし、大人は自ら進んで動きたいですか？
運動遊びや体操・ダンスを創作するときに、
この中の動きのいずれかを
要所、要所に取り入れてみてください！
子どもたちの心弾む、いい笑顔を
引き出すことができるでしょう！

② 動かなくても "心の中で楽しんでいる子" もいる！

〜運動の楽しみ方は千差万別〜

私が運動指導初心者の38年前（令和5年現在）、M子ちゃんはふだんから
体操も追いかけっこも、運動という運動は一切やらずに、
ただ見ているだけでした。
そんなある日、ピクリとも動かなかったM子ちゃんが、
ほかの子どもたちがその場から立ち去ったあと、
私に近寄ってきて「先生、体操って楽しいね！」とささやき、
部屋に戻っていきました。
そうです！
無表情でも動かなくても、"見て・聞いて・心の中で楽しむ子" もいます。
"運動の強要はよくない！" ということをM子ちゃんから学びました。
感謝！感謝！

③ すり傷の多い子に大ケガなし！　　自己安全管理能力①

～子どもたちを思い切り運動させるためには、保護者の理解も必要～

よく外で遊ぶ子は、すり傷・打撲などが絶えません。
しかし "痛い、危ない" という経験こそが
"転んだときにとっさに手が出る、
上手に転がる" などのケガを
最小限に防ぐ術につながっています。
子どもたちが自己安全管理能力を培うには、
保護者の理解も必要です。
「すり傷の多い子に大ケガなし！」ということを、
機会があれば保護者に
お話しされてはいかがでしょうか？

④ 今こそ！ 手遊び・泥だんご作りなどの手を使う遊びを！

自己安全管理能力②

～電気機器の発達、ゲーム機器と向き合う子が増加！ "握る・つまむ" 動作の減少！～

ドアはスイッチを押せば自動で開く。水道も手を出す、またはボタンを押せば水が出る。
掃除・洗濯、そして遊びも機械と向き合いボタンを押すだけ！
握る・つまむ動作が日常で減少することは、握力や指先の感覚低下、
力加減の感覚や手首の柔軟性がしぜんに衰えることを引き起こしています。

このことは、鉄棒やのぼり棒などの器具遊びや、
ボール投げにも影響を及ぼします。
何よりも手首の柔軟性がないと、
転倒したときに手は出ますが、手首をケガしてしまいます。
そうなると、顔から落ちて自分の体を
自分で守れないこともあり得ます。
"備えあれば憂いなし"。今こそ手を使う遊びを！

⑤ 大人は体の柔軟性より、頭の柔軟性が大事！

～子どもたちの想像力・創造力は無限大！～

運動遊び・運動会などの研修会で、受講者の方から下記の質問をよく受けます。
＊日常の運動遊びに行き詰まっています。どうしたらいいですか？
＊体幹を鍛えるには？（P.63「体幹遊びを体感して背筋ピーン！」を参考）
＊運動会の組（組立て）運動が毎年同じ。何か新しい運動方法は？

そのときには、まず「子どもたちにどうやって遊ぶか聞いてみてください！」とお答えします。

例えば、組（組立て）運動は……

年長児に「3人で庭にあるものをつくってみて？」と言うと、あっという間に
下記のような組運動ができあがりました。

ジャングルジム

太鼓橋

すべり台

子どもたちはやわらか頭！ときには大人を助けてくれます！

⑥ 「だめ！」の連呼と長い説明はだめ！

子どもたちの "やる気と主体性" をなくす！

例えば、走ることに関して大人が子どもに、
「腕は真っすぐ振らないとだめ！あごは引かないとだめ！」
などの「だめ！」の連呼をすると、
知らず知らずのうちに子どもたちに精神的な圧力をかけてしまいます。
その圧力から体が思うように動かず、走るのが遅くなります。
ほかの運動も然り！
大人が前に出すぎないように注意しましょう！

⑦ 体操とは？

現在は「体つくり運動」と名称が変更（平成10年、文部科学省より提示）

体つくり運動（体操）とダンスの違い？

あえていえば、「体つくり運動（体操）」は全身的運動・部位的運動の2つに分かれます。

①全身的運動……歩く・走る・跳ぶ・回る・転がるなどの運動方法で体操を構成。
②部位的運動……7つの部位＝首・腕・脚・胸・体側・背腹・腰をまんべんなく、
　バランスよく動かし、全身の関節と筋肉をほぐす運動方法で構成。

ラジオ体操第一・第二も、7つの部位を網羅

体操では体を7つの部位に分けて考える。

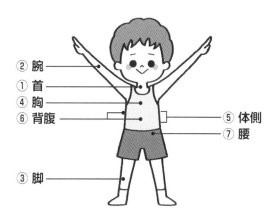

しかし、スポーツ医学・科学などは日進月歩！
7つの部位が増減する可能性もあります。

ダンスは表現活動！

ダンスは表現活動なので、①・②を意識して動く必要はありません。

7つの部位

①	首	頭部を含む首から上
②	腕	肩関節から手先まで
③	脚	股関節から足先まで
④	胸	胸部
⑤	体側	体の側面
⑥	背腹 （せはら）	腹部と背部
⑦	腰	上半身と下半身の接合部

おわりに…

大人の愛情が、子どもたちの運動の芽を育む！

保護者も含め、今しかできないことを
できるだけたくさん味わわせてあげましょう！
それが子どもの成長につながります！
そ・れ・は……

いない いない ばぁ！
おんぶに、だっこに、
かたぐるま。
手と手をつないで、さ・ん・ぽ！
おすもう、こちょこちょ、
たかい　たかーい！
お風呂ジャブジャブ！
そ・い・ね！

赤ちゃんの無邪気な笑顔を忘れずに、
子どもたちに
寄り添っていきましょう!!

筆者 紹介

沢井 雅志 （運動あそび・体つくり運動指導者）

令和5年 現在、
42年前の著者

1961年生まれ 神奈川県出身。日本体育大学卒業。体操部所属。
日本体育大学体操研究室研究員、体操部コーチを経て現在に至る。

現在の主な出向先
●育英幼稚園たいそう講師、理事
●旭たちばな幼稚園・保育園、川崎たちばな保育園、千年たちばな保育園、竜王保育園体操講師
●日本体育大学、日体幼稚園非常勤講師、ほか
●指導者向け研修、乳幼児または親子向けの実技講師として全国行脚。

著書
●運動遊びCD「幸★運動遊び　めっちゃ げんき！」（音楽教材共著）
●保育月刊誌「ひろば」運動遊びコーナー監修。
●日本体育大学・体操教本（共著）・乳幼児、親子、徒手体操の項の執筆。

遊具など、考案開発
●「けんぴょんマット」（けんぱ、マット運動等、多彩にできる遊具）ほか。

推薦　荒木達雄（日本体育大学名誉教授・国際体操連盟委員ほか）

◆動画・写真撮影・制作・編集・実技検証協力／
杉山太裕（グランツキンダー代表、体操クラブぐんぐん主宰、桐蔭横浜大学非常勤講師ほか、多数出講）

◆原稿監修（防犯）／清永奈穂（NPO法人体験型安全教育支援機構代表理事）

◆原稿執筆協力／山田宏史・小嶋信之・中田郁史・松下典生

◆作曲・出演協力／おおしま やすし

◆原稿校正協力／
茅根圭児、菅藤拓也、池野良、山崎光弘、佐藤牧子、高橋佳子、高橋貴代美、桑原真梨絵、松浦剛、奥村知加子、永野美智子、
須釜佳奈、藤元直美、力丸咲栄、中野譲、中村潤、屋上真導、下山泰史、今井菜津美、戸塚寛子、佐藤理奈、澤井純子

◆写真提供／河村真理子、河村圭・亜季・仁太・笑門、佐藤弘道、澤井暖・華輪・澪

◆動画撮影・出演協力／杉山恵美・傑・偉、小柳珠美・美麗・龍義・凰義、田島巨祥・由紀子・伊織・千聖、中村拓耶・美久里・春太、奏咲、
竹下有沙、松下弥恵・遥乃・穂乃、野本佳輝、大久保美幸、藤田慧、小野朱里、宮川優衣、向出歩穂、伊藤亮輔・愛香・夢人、澤井心和、
斉藤照、齋藤由有馬、安達友美、河野愛、舟山岳

◆撮影・実技検証協力施設／
育英幼稚園　旭たちばな幼稚園　たちばな保育園　体操クラブぐんぐん　レックスポーツ　川崎たちばな保育園
千年たちばな保育園　竜王保育園　夕やけこやけ保育園　横浜山手モンテッソーリ保育園
初山幼稚園　日本体育大学体操研究室　日本体育大学体操部　日体幼稚園　境町パイナップル保育園　シリコンバレー アカデミー

◆参考文献／体操教本（日本体育大学体操研究室著・荒木達雄・三宅良輔・伊藤由美子・小柳将吾、小嶋信之、藤元直美、新井庸太、沢井雅志）

順不同、敬称略

日常保育ですぐできる！ 超楽しいから夢中になる！
運動あそび 決定BANG！

2023年4月初版発行
著　者／沢井雅志
発行人／竹井 亮
発行・発売／株式会社メイト
　　　　〒114-0023　東京都北区滝野川7-46-1　明治滝野川ビル7・8F
　　　　☎03-5974-1700（代）　http://meito.jp
印刷所／株式会社カシヨ

イラスト：TOFU
表紙・本文デザイン：(有)来夢来人
写真：佐久間秀樹／福島章公
楽譜浄書：Office Gem
編集：川田隆子

JASRAC 出2301636-301